珍藏本·增订本

纪念版

汉译世界学术名著丛书

瑜伽经

〔古印度〕钵颠阇利 著

黄宝生 译

商务印书馆
SINCE 1897
The Commercial Press

Patañjali

Yogasūtra

本书根据印度 Motilal Banarsidass 出版社 *Yogasūtra of Patañjali with the Commentary of Vyāsa* 一书 1990 年版译出

汉译世界学术名著丛书
（120 年纪念版·珍藏本）
增订本出版说明

2017 年 10 月，为纪念商务印书馆创立 120 周年，本馆推出“汉译世界学术名著丛书”（120 年纪念版·珍藏本），计七百种。近五六年来，仰赖学界同人倾力支持，订正旧译，增补新译，拓展新著，积累日多。为满足读者需要，本馆在七百种的基础上，继续推出“汉译世界学术名著丛书”（120 年纪念版·珍藏本·增订本）三百种。至此，“汉译世界学术名著丛书”累计出版已达千种。

今后，本馆将继续推进丛书的翻译出版工作，在积累单本名著的基础上陆续分辑刊行，汇印出版。为促进中外文明互鉴、推动我国学术发展，使“汉译世界学术名著丛书”这项对我国学术文化有基本建设意义的重大工程发挥更大作用，诚望海内外学术界、翻译界继续给予支持，帮助我们把这套丛书出得更好。

商务印书馆编辑部

2024 年 2 月

汉译世界学术名著丛书
（120 年纪念版·珍藏本）
出 版 说 明

2017 年 2 月 11 日，商务印书馆迎来 120 岁的生日。120 年前，商务印书馆前贤怀揣文化救国的理想，抱持“昌明教育，开启民智”的使命，立足本土，放眼寰宇，以出版为津梁，沟通中西，为中国、为世界提供最富智慧的思想文化成果。无论世事白云苍狗，潮流左右激荡，甚至战火硝烟弥漫，始终践行学术报国之志，无改初心。

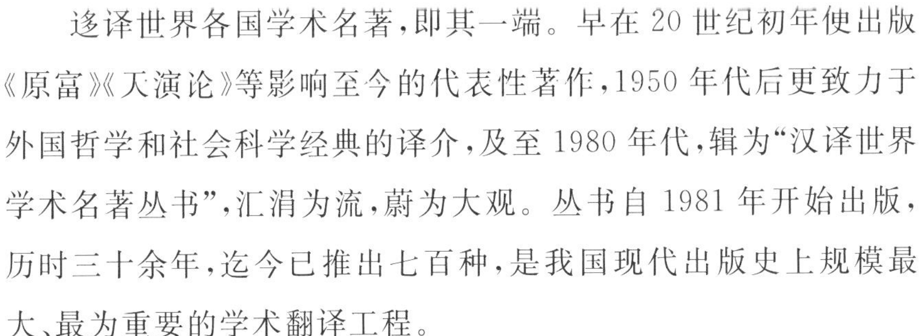

迻译世界各国学术名著，即其一端。早在 20 世纪初年便出版《原富》《天演论》等影响至今的代表性著作，1950 年代后更致力于外国哲学和社会科学经典的译介，及至 1980 年代，辑为“汉译世界学术名著丛书”，汇涓为流，蔚为大观。丛书自 1981 年开始出版，历时三十余年，迄今已推出七百种，是我国现代出版史上规模最大、最为重要的学术翻译工程。

丛书所选之书，立场观点不囿于一派，学科领域不限于一门，皆为文明开启以来，各时代、各国家、各民族的思想与文化精粹，代表着人类已经到达过的精神境界。丛书系统译介世界学术经典，引领时代思想，为本土原创学术的发展提供丰富的文化滋养，为推动中国现代学术和现代化进程做出了突出的贡献。

为纪念商务印书馆成立120周年，我们整体推出“汉译世界学术名著丛书”120年纪念版的珍藏本，寄望既利于文化积累，又便于研读查考，同时向长期支持丛书出版的译者、编者和读者致以敬意。

两甲子后的今天，商务印书馆又站在了一个新的历史时间节点上。我们不仅要铭记先辈的身影和足迹，更须让我们的步伐充满新的时代精神。这是商务人代代相传的事业，更是与国家和民族的命运始终紧密相连的事业。我们责无旁贷，必须做好我们这代人的传承与创造，让我们的努力和成果不仅凝聚成民族文化的记忆，还能成为后来人可以接续的事业。唯此，才能不负前贤，无愧来者。

商务印书馆编辑部

2017年10月

导　言

瑜伽(yoga)修行在印度源远流长。现代学者一般将它的源头追溯至公元前二三千年的印度河流域文明时期，因为依据考古发掘，在那里出土的大批印章中，有一些刻有古代修行者的各种坐姿图案。同时，在公元前一二千年的吠陀文献中，有一些推崇苦行威力和颂扬苦行仙人的颂诗。苦行是后来命名为瑜伽的修行实践的组成部分，也可以说，苦行是瑜伽修行的原初形态。

瑜伽修行的早期形态见于《奥义书》(*Upaniṣad*)和《摩诃婆罗多》(*Mahābhārata*)。《奥义书》的成书年代在公元前七八世纪至公元初。《摩诃婆罗多》的成书年代在公元前4世纪至公元4世纪。《奥义书》的核心内容是探讨世界的终极原因和人的本质，最终结论是"梵我同一"。人生的最高目的是认知梵，达到"梵我同一"而获得解脱。同时，在《奥义书》的哲学思辨中，也包含数论和瑜伽，将这两者作为认知梵的手段和方法。例如，《白骡奥义书》中说："依靠数论瑜伽理解，知道这位神，便摆脱一切束缚。"(6.13)这里所说的"这位神"指称梵。这部《奥义书》中还描述了修习瑜伽的适宜地点以及通过控制身体和思想认知梵(2.8—15)。又如，《弥勒奥义书》也将瑜伽作为与梵同一的方法加以描述，并将瑜伽分为六支："调息、制感、沉思、专注、思辨和入定。"(6.18)[①]与此后钵颠阇利的《瑜伽经》中所说的瑜伽八支相通。

《摩诃婆罗多》中的解脱论的理论依据主要是数论和瑜伽，故而保留了数论和瑜伽早期形态的丰富史料。有关这两者的论述集中体现在第十二篇《和平篇》中。例如，《和平篇》中指出："瑜伽依据亲证，数论依据经典。"(12.289.7)"依据亲证"也就是依靠禅定，亲证自我(或称"原人")，因为数论和瑜伽都以认知自我和身体的区别为解脱的关键。例如，一位老师教导学生说："整个世界受欲望束缚，像轮子那样转动不已。……如实知道原初物质及其变化和永恒的原人，他就能摒弃欲望，获得解脱。"(12.210.32—35)《和平篇》中特别强调瑜伽和数论的一致性："瑜伽行者看到的一切，数论者也都发现，认为数论与瑜伽一致，这样的人是智者。"(12.293.30)[②]《摩诃婆罗多》中的《薄伽梵歌》(*Bhagavadgītā*)是一部宗教哲学诗，体现《摩诃婆罗多》的核心思想，讲述达到人生最高目的解脱的三条道路：业瑜伽、智瑜伽和信瑜伽。其中，智瑜伽(jñānayoga)指数论哲学。业瑜伽(karmayoga)是以一种超然的态度履行个人的社会义务和职责，从事行动而不执著行动成果，不计较个人得失，这样就能摆脱行动的束缚，获得解脱。《薄伽梵歌》第六章中也讲述了瑜伽行者的修禅方式。但它对业瑜伽的阐述显然是对瑜伽概念的发展，将它运用到社会实践中。信瑜伽

---

① 以上引文参阅《奥义书》，商务印书馆，2010年版。

② 以上引文参阅《摩诃婆罗多》，中国社会科学出版社，2005年版。

(bhaktiyoga)是虔诚崇拜黑天(毗湿奴大神的化身),将一切行动奉献给黑天。信瑜伽体现瑜伽与有神论的结合。这一点与此后的钵颠阇利的《瑜伽经》也是一致的。

对瑜伽修行进行理论总结的最早著作是钵颠阇利(Patañjali)的《瑜伽经》(*Yogasūtra*)。关于这部著作的成书年代,现代学者反复探讨,至今未有定论。公元前 2 世纪有一部语法著作《大疏》(*Mahābhāṣya*)的作者名为钵颠阇利,有的学者认为他也是《瑜伽经》的作者。但多数学者不赞同这种说法,认为这两位作者只是同名而已。综合各种说法,现在我们大致可以说《瑜伽经》的成书年代约在公元 2 世纪至 5 世纪之间。

《瑜伽经》共有四章,包含一百九十四条经文。第一章《入定》(Samādhi)开宗明义指出瑜伽是入定,抑止心的活动。其中讲述心的各种活动状态以及抑止心的活动的入定状态:有智入定、无智入定、有种子入定和无种子入定,也讲述达到入定的一些方法。第二章《方法》(Sādhana)讲述人生痛苦和烦恼的根本原因是没有认清心的知觉与原人(即"自我")的区别。因此,需要修习瑜伽八支,以排除无知,求取真知,而获得解脱。本章具体讲述了瑜伽八支中的前五支(即"外支"):自制、遵行、坐姿、调息和制感。第三章《成就》(Vibhūti)讲述瑜伽八支中的后三支(即"内支"):专注、沉思和入定。同时讲述瑜伽行者由此获得的种种成就。第四章《独存》(Kaivalya)讲述瑜伽修行的最终目的是达到独存,即获得解脱。

在《瑜伽经》问世后,相继出现《瑜伽经》的各种注疏。现存最早的一部注疏是毗耶娑(Vyāsa)的《瑜伽论》(*Yogaśāstra*),或称《毗耶娑注疏》(*Vyāsabhāṣya*)。这位毗耶娑与《摩诃婆罗多》的作者毗耶娑同名，但不是同一人。他的出生年代也难以确定，一般认为是五六世纪人。此后的重要注疏有九世纪筏遮塞波底·弥室罗(Vācaspati Miśra)的《真谛解析》(*Tattvavaiśāradī*)，是对毗耶娑注疏的复注。还有，15 世纪识比丘(Vijñānabhikṣu)的《瑜伽经复注》(*Yogavārttika*)，也是对毗耶娑注疏的复注。因此，钵颠阇利的《瑜伽经》和毗耶娑注疏可以合称为瑜伽哲学的基本经典。

从《瑜伽经》和毗耶娑注疏可以看出，瑜伽修行是与数论哲学紧密结合的。毗耶娑注疏每章结尾的题署是"依据数论的《瑜伽论》"。整部《瑜伽经》讲述瑜伽修行方法，数论贯穿其中。但为叙述方便，这里先介绍数论哲学。

数论(Sāṃkhya)认为世界有原人(puruṣa)和原初物质(prakṛti)两种永恒的存在。原人是不变的、永恒的自我(ātman)。而原初物质处于未显状态，是不可见的。但原初物质具有三种性质(guṇa)：善性(sattva，或译"喜性")、动性(rajas，或译"忧性")和惰性(tamas，或译"暗性")，分别具有明亮性、活动性和停滞性[①]。这三种性质处在运动中，由此原初物质失去平衡，发生变化，产生觉(buddhi，也称为"大"，mahat)、自我意识(ahaṃkāra)、意(manas)、五知根(buddhīndriyāṇi)[即眼(cakṣus)、耳(śrotra)、鼻(ghrāṇa)、舌(jihvā)和身(tyac)]、五作根(karmendriyāṇi)[即口(vac)、手(pāṇi)、足(pāda)、肛门(pāyu)和生殖器(upastha)]、五唯(tanmātra)[即色(rūpa)、声(śabda)、香(gandha)、味(rasa)和触(sparśa)]、五大

① 参阅《瑜伽经》1.2。本文中标注的《瑜伽经》引文序号不单指经文，也包括毗耶娑注疏。

(bhūta)[即地(bhūmi)、火(agni)、水(udaka)、风(vāyu)和空(ākāśa)]。也就是说,世界上的一切物质因素和精神因素都是由原初物质演变而成,统称为二十四谛(tattva)。而原人是独立于原初物质之外的存在,称为第二十五谛。

在《瑜伽经》2.19中,将原初物质称为"无相"(aliṅga),将大(即"觉")称为"相唯"(liṅgamātra),将自我意识和五唯称为"非特殊"(aviśeṣa),将意、五知根、五作根和五大称为"特殊"(viśeṣa)。其中,意、五知根和五作根是自我意识的特殊,五大是五唯的特殊。这里是说明二十四谛之间的相互关系。原初物质处于未显状态,故而称为"无相"。从原初物质最初演化出的是觉,称为"相唯"(即细微的相)。其他二十二谛由觉演化而成,故而觉又称为"大"。觉演化出自我意识后,自我意识又演化出意、五知根和五作根,五唯又演化出五大。它们之间存在着无形相和有形相以及形相细微和粗大的区别。

《瑜伽经》在这二十五谛之外,还增加了第二十六谛,即自在天(īśvara),称之为"特殊的原人"。(1.24)因此,《瑜伽经》中的数论也称为"有神数论"。但这位自在天在瑜伽修行中并不起关键作用,只是瑜伽行者沉思这位自在天,有助于达到入定和取得成就。

需要注意的是,在《瑜伽经》中,经常使用的"心"(citta)这个词相当于同时使用的"觉"(buddhi)这个词,都是指知觉。心依靠意、五知根和五作根感知由五唯和五大构成的外界对象。自我意识和心关系紧密。正是由于自我意识,心在感知对象时产生"自我性"(asmitā),即产生"我"或"我的"观念,而没有认识到真正的自我是原人。

同时，心中积聚有无数前生生活经验的潜印象（saṃskāra）以及各种业报的熏习（vāsanā），由此形成的业力导致人永远陷入生死轮回中。《瑜伽经》中，借一位经历十大创造期的仙人之口说："目睹地狱和畜生道中的痛苦，又一再出生在天神和人中，我认为我所遭受的一切全然是痛苦。"（3.18）为什么？《瑜伽经》中指出：由于原初物质的三性活动，"形成快乐、痛苦和愚痴"，而"对于有分辨力的人，一切皆苦"（2.15）。因为人始终遭受"来自自身、生物和天界"的痛苦（1.31），即使在快乐的体验中，也都"夹杂贪欲"。"有所贪求，则不得平静，这是痛苦。"而反复追求感官享受只能增强贪欲，也就"陷入痛苦的大泥沼"。（2.15）瑜伽修行的目的就是要消除这种人生痛苦的原因。

排除痛苦的原因的途径是认清知觉和原人的区别。原人原本"不变化，不行动，痛苦对他不起作用"。（2.17）心没有认知原人时，隐藏心中的潜印象和熏习在动性和惰性的作用下，不断活动，与外界对象接触，遭受痛苦。原人在《瑜伽经》中也称为"见者"（draṣṭṛ）、"智力"（citi）、"智能"（citiśakti）或"意识"（caitanya），相当于纯智和纯意识。这样，原人感受心的活动，并将心的知觉视作自身，形成两者虚假的同一。"一旦知觉本性消除动性和惰性的污垢，以认知自己与原人的区别为唯一职责，烦恼的种子被烧焦，也就仿佛与原人的纯洁相同。这时，原人不再有呈现给他的感受而纯洁。正是在这种状态，出现独存。"（3.54）"出现独存"即获得解脱。这时，心已经根除无知，认识到真正的自我是原人，也就停止活动，沉入原初物质，同时原人恢复原本的纯洁状态，不变化，不行动，断除与生死轮回的联系，获得解脱。

从事瑜伽修行，正是为了实现这个目标。《瑜伽经》将瑜伽修行归纳为“瑜伽八支”：自制（yama）、遵行（niyama）、坐姿（āsana）、调息（prāṇāyāma）、制感（pratyāhāra）、专注（dhāraṇā）、沉思（dhyāna）和入定（samādhi）。其中前五支称为“外支”，主要用于净化身心。唯有身心清净，才能控制感官，心得以安定，适合入定。后三支称为“内支”，指心能固定一处，进行沉思，达到入定状态。而这三种内支又是无种子入定的外支，因为它们是达到无种子入定的手段或方法。

《瑜伽经》第三章讲述瑜伽入定取得的种种成就。其中将三种内支合称为“总御”（saṃyama），指出：“掌握了总御，入定智慧的光芒闪现。总御越稳固，入定智慧越清晰。”（3.5）这样，依靠专注、沉思和入定能总御一切，通晓一切，掌握一切，包括获得各种超自然的力量，如天眼通、天耳通、他心通和如意通等神通力。但经中也明确指出，这些对于活动的心是成就，而“对于入定是障碍”。（3.36）因为这些只是说明瑜伽入定能控制元素和感官的变化，提高瑜伽行者的认知能力。如果执著和迷恋这些，就会偏离瑜伽修行的真正目标。而从现代科学的角度看，这些神通力大多体现始于远古的巫术观念和神话思维。

瑜伽入定的主要成就在于控制感官，抑止心以及心中潜印象的活动，消除动性和惰性对知觉本性的障碍，根除无知，认清知觉和原人的区别。《瑜伽经》中将瑜伽入定分为有智入定、无智入定以及有种子入定和无种子入定。实际上，有智入定相当于有种子入定，无智入定相当于无种子入定，只是在具体内涵和表述上有些差异。有智入定（samprajñāta）是心有所缘入定，分为有思考

(savitarka)、有观察(savicāra)、有欢喜(ānandānugata)和有自我性(asmitānugata)四种入定。无智入定(asamprajñāta)是心无所缘入定。心停止认知,空无所有,只剩下潜印象。由于不以外在事物为种子,也称为“无种子的无智入定”。(1.18)有种子入定(sabīja)分为有思考、无思考(nirvitarka)、有观察和无观察(nirvicāra)四种等至。等至(samāpatti)指心停止活动,与认知者、认知手段和认知对象达到同一的这种入定状态。这些等至“以外在事物为种子”,故而称为“有种子入定”。(1.46)无种子入定(nirbīja)是心的活动和心中的潜印象都得到抑止。一旦达到无种子入定,心和潜印象彻底停息,“原人完全保持自己的原本形态,而称为纯洁者、独存者和解脱者。”(1.51)

《瑜伽经》中也将瑜伽入定达到的最终智慧即最终成就归纳为七种:一、已经知道应该排除的痛苦,即“由于三性活动的对立”,造成“变化、焦虑和潜印象的痛苦”。(2.15)二、已经知道灭除痛苦的原因,即已经认清原人和知觉的区别。三、已经亲证无智入定和无种子入定,完全抑止心的活动。四、知觉处在最高的清澈状态,明辨自己与原人的区别。五、知觉完成感受和解脱的任务。六、三性不再活动,与心一起返回原初物质。七、“在这种状态,原人摆脱与三性的联系,成为仅仅是自己状态的发光体,无垢,独存。”(2.27)

以上是对《瑜伽经》中数论和瑜伽修行方法的简要概括。对于这些基本概念有所了解,有助于读解《瑜伽经》,尤其是毗耶娑注疏中更为深入细致的论述。

婆罗门教在印度文化中始终占据主流地位,因此印度古代哲学通常分为正统的六派哲学,即数论、瑜伽、胜论、正理、弥曼差和吠檀多哲学，以及非正统的佛教、耆那教和顺世论哲学。虽然瑜伽也作为一种哲学，但它的本质特点是修行方法，内含的哲学主要是数论哲学。实际上，瑜伽修行作为一种古老的修炼身心的方法，为印度各派宗教和哲学所接受，而成为它们的共同遗产。

佛教自公元初传入中国，译经活动历时千余年，留下了卷帙浩繁的汉译佛经文献。凡熟悉佛教的读者都会发现佛教修行与数论瑜伽修行存在诸多的相通和相异之处。现存《瑜伽经》和毗耶娑注疏的成书年代明显晚于佛教，但瑜伽和数论的产生和早期形态早于佛教。据佛经中《佛所行赞》(*Buddhacarita*)之类佛陀传记记载，佛陀早年出家拜师求道，第一位老师是阿罗蓝(Arāḍa)仙人，向他传授的就是数论瑜伽。阿罗蓝向他宣说数论哲学后，教他修习四禅，直至达到“无所有处”，也就是自我(即“原人”)摆脱身体，获得解脱。而佛陀认为只要自我存在，仍会陷入生死轮回，并不能真正获得解脱。于是，他离开阿罗蓝，又拜郁陀蓝(Udraka)仙人为师。郁陀蓝也教他修禅，超越“无所有处”，达到“非想非非想处”。佛陀仍然认为这并不能获得解脱。后来，佛陀自己在菩提树下修禅，沉思入定，证得十二因缘以及达到解脱的八正道。

佛教的基本教义是四圣谛：苦、集、灭和道，即一切皆苦，苦有原因，苦能灭寂，灭寂有道。而数论瑜伽将自己的学说归纳为四部分：“轮回、轮回的原因、解脱和解脱方法。”(2.15)与佛教“四圣谛”相似。其中，“轮回”的实质即“一切皆苦”。同时，佛教所说的“灭寂有道”，也就是灭寂痛苦而获得解脱的方法。“道”指八正道：正见、正思、正语、正业、正命、正勤、正念和正定。八正道可以归纳为戒、定和慧。其中的正语、正业和正命属于戒，正勤、正念和正定属于定，正见和正思属于慧。三者的关系是依戒而资定，依定而发慧，依慧而证理。这也与数论瑜伽修行的路径一致。倘若仿照佛教戒定慧的分类，瑜伽八支中的前五支可以称为“戒”，后三支可以称为“定”，最后，明辨知觉与原人的区别，达到无种子入定可以称为“慧”。

至于两者修行实践中的一些观念和方法也有不少相似之处。例如，佛教的“五戒”是不杀生、不偷盗、不邪淫、不妄语和不饮酒。瑜伽八支中的“自制”是“不杀生、诚实、不偷盗、梵行和不执取”。(2.30)佛教认为痛苦的原因是以“无明”(avidyā，即“无知”)为起始的十二因缘。数论瑜伽也认为人生烦恼的原因是“无知、自我性、贪欲、憎恨和执著”。(2.3)而其中的无知是根本原因，“是其他那些的基础”。(2.4)还有，“无知是将无常、不净、苦和非我呈现为常、净、乐和我。”(2.5)这也与佛教所说的“四颠倒”一致，只需要将其中的“非我”改为“无我”即可。佛教倡导“四无量心”，即对众生怀有慈、悲、喜和舍。数论瑜伽也同样提倡“慈、悲、喜和舍”。(1.33)只是其中的“舍”的概念与佛教有差异。佛教推崇神通，但佛陀同时也指出不要滥用神通，因为获得神通不等于获得智慧。同样，数论瑜伽在推崇神通的同时，也指出神通妨碍入定。还有，佛教的“四禅”与数论瑜伽的“有智入定”相似。佛教的“无想定”(asaṃjñisamāpatti)和“灭尽定”(nirodhasamāpatti)与数论瑜伽的“无智入定”相似。此外，数论瑜伽的“无智入定”又称“法云禅”(dharmameghadhyāna)，“无种子入定”又称“法云入定”(dharmameghasamādhi)，而佛教中也有“法云三昧”的称谓。同时，数论瑜伽的无智入定“以信念、精勤、忆念、入定和智慧为前

提”。(1.20)这也与佛教“三十七菩提分”中的“五根”,即“信根、勤根、念根、定根和慧根”一致。佛教唯识论中的“八识”即阿赖耶识(ālaya,或称“心”,citta)、意(manas,或称“末那识”)、意识、眼识、耳识、鼻识、舌识和身识与数论瑜伽中的觉(buddhi,或称“心”,citta)、自我意识(ahaṃkāra)、意、眼、耳、鼻、舌和身相似,以及两者关于“熏习”(vāsanā)的观念也相似。如此等等。

然而,佛教修行与数论瑜伽修行的相异之处也是明显的,主要体现在对世界和人的认知以及修行达到的目标上。两者修行要达到的目的是解脱,分别为“涅槃”(nirvāṇa)和“独存”(kaivalya)。佛教通过修行,最终断除以无明为起始的十二因缘,摆脱生死轮回,达到涅槃。而数论瑜伽通过修行,最终明辨知觉与原人的区别,知觉回归永恒的原初物质,摆脱生死轮回,原人达到独存。原人即人的自我。而佛教认为人由五蕴和合而成,刹那生灭,并不存在这种称为“自我”的实体。佛教不仅认为“人无我”,也认为“法无我”,即“法我两空”。“法”(dharma)这个词在梵语中含义很多,在这里是指世界万物。

佛教的这些观点是与数论瑜伽根本对立的,因为数论瑜伽认为原人和原初物质是两种永恒的存在。从《瑜伽经》和毗耶娑注疏中可以看出,佛教是数论瑜伽的主要批评对象。毗耶娑注疏中,将佛教徒称为“毁灭论者”(vaināśika)、“刹那论者”(kṣaṇikavādin)和“心即自我论者”(cittātmavādin)。毗耶娑批评佛教“否定事物在前后刹那中的真实性”。(4.15)因为佛教以因缘和合和刹那生灭否定外界事物的实体性或实有性。同时,佛教的唯识论认为“三界唯识”(vijñaptimātra),即“三界唯心”(cittamātra),一切外界事物产生于心识的妄想分别。毗耶娑将这种观点概括为"所有一切唯独是心(cittamātra,'唯心'),……这个世界及其原因都不存在"。(4.23)毗耶娑则指出外界事物无论成为或不成为心的接受对象,都是存在的,即"对象是自身独立的,对一切原人是共同的,而心也是独立的,对原人发生作用"。(4.16)毗耶娑认为佛教"否定感知知觉的原人","设想另一种唯存在",追求涅槃:"修习梵行,以求完全摒弃五蕴,达到离欲、无生和平静。"其结果是"依然烦恼"。(4.21)

由此可见,佛教和数论瑜伽两者处在一种互动的关系中,既自觉地互相对峙和批评,又不自觉地互相借鉴和吸收。实际上,佛教与婆罗门教正统哲学其他派别的关系也是如此。因为佛教是在婆罗门教占据主流地位的文化背景中诞生、成长和发展的。它既与婆罗门教共享印度古代文化资源,又与婆罗门教不断进行思想交锋。因此,了解婆罗门教各派哲学思想,肯定有助于深入了解佛教哲学思想。

我这次翻译钵颠阇利的《瑜伽经》和毗耶娑注疏,依据巴波(M. Baba)的《钵颠阇利的〈瑜伽经〉和毗耶娑注疏》(*Yogasūtra of Patañjali with the Commentary of Vyāsa*, Delhi, 1990年版)中提供的梵语原本,并参考普拉沙德(R. Prasāda)的《钵颠阇利的〈瑜伽经〉》(*Patañjali's Yogasūtra*, New Delhi, 2010年版)中提供的梵语原本。这两种都是梵英对照本。其中普拉沙德的译本中还附有筏遮塞波底·弥室罗对毗耶娑注疏进行复注的《真谛解析》的英译。还有,伍兹(J. H. Woods)的《钵颠阇利的瑜伽体系》(*The Yoga-System of Patañjali*, Delhi, 1992年版)包含《瑜伽经》、毗耶娑注疏和筏遮塞波底·弥室罗复注的英译,没有附梵语原本。我在依据梵语原本翻译《瑜伽经》和毗耶娑注疏的过程中，也参考了这三个本子的英译。

印度古代哲学经典的翻译难度是举世公认的。因为印度古代哲学自成体系，大量的哲学术语难以用现代语言确切表达。而且，同样的术语在不同的哲学派别中会存在含义的差别。即使在同一部经典中，同样的术语在不同的语境中也会存在含义的差别。还有，印度各派哲学的原始经典大多采取经文（sūtra）体，类似格言式的句子，文字简练。因为印度古代长期固守口耳相传的传承方式，经文体便于记诵。哲学老师依据这种扼要的经文，采取讲经的方式向学生传授。倘若没有老师的讲解，这些经文是难以充分理解的。这样，也就形成经文的注疏。然后，又有对注疏的复注。印度古代各派哲学也是在这种不断的注疏中得到充实和发展。最终得以传世的是在各派内部获得公认的注疏和复注。

近现代以来，中国始终有一些学者坚持不懈从事印度哲学研究，积累了不少学术成果。但由于梵语人才稀缺，印度古代哲学原典的翻译一直是个薄弱环节。我这次翻译《瑜伽经》和毗耶娑注疏也是一次尝试。我努力要求自己读通原文，也希望读者能读懂我的译文，故而我添加了不少注释，主要参考筏遮塞波底·弥室罗对毗耶娑注疏的复注，也参考现代学者研究数论和瑜伽的一些相关著作。

还有，关于印度哲学术语的译名问题。中国古代有悠久的佛经汉译传统，其中许多术语译名可供借鉴或直接沿用，这也是中国现代学者翻译印度古代典籍的一个优势。但也需要注意，有些术语在不同宗教派别之间存在含义差别，同时由于古今汉语的隔阂，有些古代汉语译名不能适应现代汉语语境，应该创制新的译名。然而，这需要一个翻译经验积累和约定俗成的过程，有待学者们共同努力。

现在国内新一代梵语学者已经成长起来，希望其中从事印度哲学研究的梵语学者能不畏艰难，在深入研究的基础上，逐步将印度古代哲学各派经典连同注疏一起译出，并努力让译文适应现代汉语语境，为中国的印度哲学研究的进一步展开奠定坚实的基础。

黄宝生

2015年1月

目　录

瑜　伽　经

第　一　章

现在，讲解瑜伽。(1)

他抛弃原始形象，以多种方式施恩世界，自己承受剧毒，

而消除大量痛苦；他是一切知识的源泉，有美丽的顶冠，

缠腰的众蛇永远讨他喜欢；他有许多脸，身躯洁白无瑕，

实施瑜伽，赐予瑜伽，愿这位天神，众蛇之主，保护你们！[①]

现在，讲解瑜伽。“现在”表示开始从事。“讲解瑜伽”

① 印度古代著作通常以颂神诗开篇。这首诗颂扬大神湿婆(śiva)。这位大神以修炼瑜伽著称，享有“瑜伽之主”(yogeśa 或 yogeśvara)的称号。诗中提到他“自己承受剧毒”，是指古代天神和阿修罗搅动乳海时，搅出能毁灭世界的毒药。为了拯救世界，他吞下毒药，结果药力发作，他的脖子被烧成青黑色。故而，他又名“青项”(nīlakaṇṭha)。

表示应该知道这部权威经典。"瑜伽"[①]是入定[②]。它是心法,涉及所有状态。这些心的状态是迷乱、愚痴、散乱、专注和抑止。

其中,在散乱的心中,入定依附散乱,不支持瑜伽。而在专注的心中,它照亮真实存在的对象,消除烦恼[③],解开业的束缚,趋向抑止。这称为有智瑜伽。它伴随有思考[④],伴随有观察[⑤],伴随有欢喜,伴随自我性[⑥]。我们在后面会讲述这些[⑦]。一旦抑止一切活动,则是无智入定。

瑜伽是抑止心的活动。(2)

这句经文旨在说明瑜伽的特征。瑜伽是抑止心的活动。这里没有使用"一切"这个词,因此,有智入定也称为瑜伽[⑧]。心有三种性质,依据明亮性、活动性

① "瑜伽"是 yoga 一词的音译。yoga 的词义为联系、驾驭或控制。在瑜伽哲学中,主要指控制感官和心,也就是这里所说"瑜伽是入定"。

② "入定"(samādhi),古代汉译佛经经常音译为"三昧"或"三摩地"。

③ "烦恼"的原词是 kleśa,词义为痛苦、折磨、污染和烦恼。

④ "思考"(vitarka),古代汉译佛经译为"寻",意谓"寻思"。

⑤ "观察"(vicāra),古代汉译佛经译为"伺",意谓"伺察"。

⑥ "自我性"(asmitā)指将知觉视为自我。参阅 2.6。

⑦ 参阅 1.17。

⑧ 因为"有智入定"有心的活动。

和停滞性。心的善性[①]具有明亮形态，与动性[②]和惰性[③]结合[④]，而喜爱权力[⑤]和感官对象。它与惰性结合，而趋向无正法、无知识、无离欲和无权力。它清除愚痴的障碍，通体明亮，只与动性结合，而趋向正法、知识、离欲和权力。而它摆脱甚至最轻微的动性污染，处于自己的原本状态，只显示善性[⑥]和原人的区别，则趋向法云禅[⑦]。修禅者将这称为最高沉思[⑧]。

---

① “善性”(sattva)指原初物质的智力潜能，具有轻盈、光明和喜悦的性质。古代汉译佛经也译为“喜”。

② “动性”(rajas)指原初物质的能量，具有运动、激动和痛苦的性质。古代汉译佛经也译为“忧”。

③ “惰性”(tamas)指原初物质的惯性，具有沉重、阻碍和懒惰的性质。古代汉译佛经也译为“暗”。

④ 按照印度古代数论哲学，世界有两种永恒的存在：“原人”(puruṣa)和“原初物质”(prakṛti)。原人是永恒不变的。“原人”也称为“自我”(ātman)。原初物质处在未显状态，故而也称为“未显者”(avyakta)，是不可见的。但它具有三种性质：善性、动性和惰性(或译“喜性”、“忧性”和“暗性”)。这三性处在运动中，由此，原初物质失去平衡，发生变化，产生觉(buddhi，或译“知觉”)、自我意识、意根(思想)、五知根(眼、耳、鼻、舌和身)、五作根(口、手、脚、肛门和生殖器)、五种精细成分(色、声、香、味和触)和五种粗大成分(地、火、水、风和空)。

⑤ “权力”的原词是aiśvarya，词义为自主、统治、支配、财富和权力。

⑥ 此处“善性”(sattva)指心的善性。在《瑜伽经》中，“善性”一词常与“知觉”(buddhi)连用，合为“知觉善性”(buddhisattva，或译“知觉本性”)，相当于“心的善性”，可理解为知觉潜能。

⑦ “法云禅”(dharmameghadhyāna)指认知心或知觉与原人的区别。参阅4.29。在佛教中，也有“法云三昧”的称谓。佛教也将菩萨修行的十地(即十种阶位)中的第十地称为“法云地”，意谓如同大云覆盖天空，降下清净之水。

⑧ “最高沉思”(param prasaṅkhyānam)指唯独沉思原人。

智力[①]不变化，不活动，呈现对象，纯洁，无限。而明辨[②]以善性为本质，与它不同。因此，心舍弃这种明辨，抑止这种明辨。心处于这种状态，则趋向潜印象[③]。这是无种子入定[④]。在这里，不认知任何东西，故而是无智入定。因此，抑止心的活动的瑜伽分为两种[⑤]。

这时，见者处在自己的原本状态。(3)

心处于这种状态，没有对象，这时以觉知为本质的原人有什么特征？这时，见者[⑥]处在自己的原本状态中。这时，智力处在自己的原本状态中，犹如处在独存[⑦]中。但在心展现时，智力即使依然这样，而又不是这样。

在别处，与活动一致。(4)

那么，这是怎样的情形？由于对象被呈现，在别处[⑧]，

---

① 此处“智力”(citišakti)可理解为纯粹的智力，指原人。

② “明辨”(vivekakhyāti)指心的分辨力。

③ “潜印象”(saṃskāra)指前生的各种生活经验留在心中的潜印象，形成潜意识或潜在能力。此词古代汉译佛经通常译为“行”。

④ “无种子入定”(nirbija)指抑止心的一切活动，乃至最后抑止一切潜印象。参阅本章第18和第51。

⑤ “两种”指有智入定(samprajñāta)和无智入定(asamprajñāta)。

⑥ 此处“见者”(dṛṣṭṛ)指原人。

⑦ “独存”(kaivalya)指唯一或绝对，即处在解脱的状态。“独存”沿用古代汉译佛经用语。

⑧ “在别处”指“见者”(即原人)不处在自己的原本状态。

与活动一致。在心展现时，原人的活动与那些心的活动没有区别。有这样的经文："只有一种见，这种见是明辨。"[①]心如同磁石，仅仅凭借邻近起辅助作用[②]。由于可见性[③]，成为主人原人的所有物。因此，这种无始的联系是原人觉知心的活动的原因。

活动有五种，痛苦的和不痛苦的。(5)

这些应该受到抑止的心的活动具有多样性。它们有五种，痛苦的和不痛苦的。痛苦的是那些形成痛苦原因的积聚业[④]的领域。不痛苦的是那些处在抑止三性[⑤]起支配作用的明辨领域。不痛苦的即使陷入痛苦之流中，它们也不痛苦。即使处在痛苦的缝隙中，它们也不痛苦。而痛苦的即使处在不痛苦的缝隙中，它们也痛苦。活动造成相应的潜印象。潜印象也造成活动。这样，活动和潜印象之轮不停转动。因此，这样的心一旦完成任务，如同自我保持安定，或者走向寂灭[⑥]。

① 这句是说原人所见的只是心的活动。

② "起辅助作用"指成为原人的助手。

③ "可见性"指原人能看见或感知它。

④ "业"(karma)指行动、作为或行为，通常分为善业和恶业。

⑤ "三性"指原初物质的三性。

⑥ "走向寂灭"指回归原初物质。

量、颠倒、妄想、睡眠和记忆。(6)

量有现量、比量和圣教量。(7)

那些痛苦和不痛苦的五种活动是量[①]、颠倒、妄想、睡眠和记忆。

现量[②]是心受外界事物影响,以其为对象,通过感官渠道的活动,主要把握具有共同性和特殊性的对象的特殊性。结果是原人的觉知与心的活动的觉知没有区别。我们会在后面说明原人是知觉的觉知者。

比量[③]是依据与推理对象同类者,排除与推理对象不同类者,以这种关系为领域的活动,主要把握共同性。例如,依据移动到另一地点,推断月亮和星星像吉多罗[④]那样有行走,而依据没有移动,推断文底耶山没有行走。

值得信任者用语言说明看到的或推理出的对象,将自己的觉知传达给别人。这种凭借语言、以语言对象为领域的活动,对于听者是圣教量[⑤]。不依据说者看到或推理出的对象是不可信任的对象。这种圣教量不可靠,而原创说者看到或推理出的对象则是可靠的。

① “量”(pramāṇa)指认知手段或真实认识。

② “现量”(pratyakṣa)指通过感官认知。

③ “比量”(anumāna)指逻辑推理。

④ “吉多罗”(caitra)是普通的人名,这里用于泛指某人。

⑤ “圣教量”(āgama,或称“圣言量”)指依据经典或权威言论认知。

颠倒是不依据原本形态的虚假认识。(8)

颠倒是不依据原本形态的虚假认识。为什么它不是真实认识(“量”)?因为它被真实认识否定。因为真实认识以存在的对象为领域。在这里,看到不真实认识(“非量”)被真实认识(“量”)否定。例如,看到两个月亮被看到一个月亮这个真实对象否定。颠倒是无知,有五个关节:无知、自我性、贪欲、憎恨和执著这些烦恼。它们各自的称号是昏暗、愚痴、大愚痴、黑暗和盲目的黑暗。这些会在论述心的污垢时加以说明[①]。

妄想是依据语言知识,而缺乏事实。(9)

妄想是依据语言知识,而缺乏事实。它既不立足真实认识(“量”),也不立足颠倒。即使缺乏实体性,依然看到它依靠语言知识的力量言说。例如,说意识是原人自己的性质。而如果智能本身就是原人[②],那么,由什么指称什么?因为(语言的)方式在于指称。例如,吉多罗的母牛。同样,原人不作为,没有实体的性质。波那[③]站住,就要站

① 参阅2.3。

② “意识”(caitanya)和“智能”(citi)这两个词指纯粹的意识和智能。这里是说纯意识即纯智能,本身就是原人,而不是原人的性质。这两个词在后面的有关论述也都用于指称原人。

③ “波那”(bāṇa)用于泛指的人名。但此词也有“箭”的词义。无论是人名或箭,两者在这里都适用。

住，已经站住，只是依据词根意义，理解为停止行走。同样，原人没有出生性，只能理解为不存在出生性，而没有属于原人的性质。因此，这是妄想的性质，而依据它言说。

睡眠是依据对非实体的认知活动。(10)

睡眠是对非实体[1]的认知活动。它在醒来时，通过思索，成为一种特殊的认知。怎么样？我睡得舒服，我的思想安定，它让我的智慧清晰。我睡得不舒服，我的思想迟钝，恍惚迷离。我睡得昏昏沉沉，我的肢体沉重，我的心疲倦，懒散，仿佛失去知觉。如果没有对这种认知的体验，就不会有醒来时的这种思索，也就不会有依靠它们、以它们为对象的这些记忆。因此，睡眠是一种特殊的认知。它应该像其他认知一样，在入定中受到抑止。

记忆是没有忘却体验过的对象。(11)

记忆是没有忘却体验过的对象。心是记忆认知，还是记忆对象？认知受所把握对象的感染，显现所把握对象和把握者两者的形态，形成与它们同类的潜印象。潜印象展现自己的展现能力，产生那样形态的、具有所把握对象和把握者两者性质的记忆。其中，知觉以把握者的形态为

① “非实体”的原词是abhava，词义为不存在或非实有。

主,记忆以所把握对象的形态为主。记忆有两种:想象的和非想象的。在梦中,应该是想象的记忆。在清醒时,应该是非想象的记忆。

所有这些都产生自对量(真实认知)、颠倒、妄想、睡眠和记忆的体验。所有这些活动具有快乐、痛苦和愚痴的性质。快乐、痛苦和愚痴都被称为污染。贪欲追随快乐,憎恨追随痛苦,无知追随愚痴。所有这些活动都应该受到抑止。对它们的抑止,或有智入定,或无智入定。

依靠修行和离欲抑止它们。(12)

那么,用什么方法抑止它们?依靠修行和离欲抑止它们。心河有两个流向,或流向善,或流向恶。倾向于独存,趋向分辨的领域,流向善。倾向于轮回,趋向不分辨的领域,流向恶。其中,离欲堵住对象水流。修习分辨力开启分辨水流。这样,抑止心的活动依靠这两者。

其中,修行是努力保持稳定。(13)

其中,修行是努力保持稳定。保持稳定是心摆脱活动,平静流淌。努力是为此目的,勇猛精进。修行是为了达到稳定而采取方法。

但要经过长期的、不间断的和真诚的修习,它才牢固

确立。(14)

但要经过长期的、不间断的和真诚的修习,它[①]才牢固确立。长期地修习,不间断地修习,真诚地修习,依靠苦行,依靠梵行[②],依靠知识,依靠信念,它才达到真诚,牢固确立。换言之,它的领域不会突然被潜印象压倒。

离欲是控制的意识,不贪求可见的和闻听的对象。(15)

离欲是控制的意识,不贪求可见的和闻听的对象。不贪求可见的对象,诸如女人、食物、饮料和权力。不贪求听闻的对象,诸如达到天国、摆脱肉体和化为原初物质[③]。即使与神圣或世俗对象接触,依靠沉思的力量,心也能发现对象的弊端。控制的意识是无感受性,摆脱取舍。这是离欲。

最高的离欲是明了原人而不贪求性质。(16)

最高的离欲是明了原人而不贪求性质[④]。洞悉可见

① "它"指抑止心的活动。

② "梵行"(brahmacarya)指清净寡欲的生活方式。

③ 参阅 1.19。

④ "性质"(guṇa)指原初物质的三种性质,即善性、动性和惰性。

的和听闻的对象的弊端而不贪求。修习原人观[①],知觉满足于辨别原人的纯洁,不贪求显现的或不显现性的性质。

这是两种离欲。其中,后一种[②]唯独是知识的清净。它出现时,瑜伽行者清楚明白,会认为应该获得的已获得,应该消除的烦恼已消除,连接紧密的生死循环已被斩断。若不斩断,生而又死,死而又生。

离欲是知识的最高境界,因为独存与它紧密相连。

伴随有思考、观察、欢喜和自我性的形态,则是有智入定。(17)

现在,有两种抑止心的活动的方法。我们怎样称述有智入定?伴随有思考、观察、欢喜和自我性的形态则是有智入定。思考是心对于所缘[③]的粗糙感受。观察是精细感受。欢喜是喜悦。自我性是唯我感知[④]。其中,第一种入定与所有四种相连,是有思考。第二种减去思考,是有观察。第三种减去观察,是有欢喜。第四种减去欢喜,唯有自我性。所有这四种入定都有所缘。

① “修习原人观”指观察和辨别原人。

② “后一种”指“修习原人观”这一种。

③ “所缘”(ālambana)指外界对象。

④ “唯我感知”(ekātmikā saṃvid)指唯独是我的感知,也就是将知觉认作自我,没有认识到知觉与原人的区别。

以修习停止认知为前提，只剩下潜印象，是另一种。(18)

现在，无智入定是什么方法？什么性质？以修习停止认知为前提，只剩下潜印象，是另一种。心已抑止，停止一切活动，只剩下潜印象，这是无智入定。最高的离欲是它的方法。有所缘的修习不能实现它。停止认知，没有事物成为它的所缘。这是空无所有。以这样的修习为前提，心无所缘，仿佛变得不存在。这是无种子的无智入定。

摆脱肉体者和化为原初物质者依靠存在。(19)

这[①]有两种：依靠方法和依靠存在[②]。其中，瑜伽行者依靠方法。摆脱肉体者和化为原初物质者依靠存在。摆脱肉体的天神依靠存在。因为他们凭借唯独感受自己的潜印象的心[③]，仿佛体验到独存的境界，经受与自己的潜印象相应的果报[④]。同样，化为原初物质者[⑤]在心具有职责[⑥]时，化为原初物质，仿佛体验到独存的境界，而心受职

① “这”指无智入定。
② “存在”指生死轮回。
③ 这里是说即使成为天神，也没有摆脱存在，因此，还保留着带有潜印象的心。
④ 这里是说他们在经受相应的果报后，还会返回生死轮回。
⑤ “化为原初物质者”指尚未获得解脱而化为原初物质者。
⑥ 此处“职责”指认知知觉与原人的区别，从而达到独存。

责的控制,又返回[1]。

另一些以信念、精勤、忆念、入定和智慧为前提。(20)

另一些以信念、精勤、忆念、入定和智慧为前提。这些瑜伽行者依靠方法。信念是思想清净,如同慈爱的母亲保护瑜伽行者。怀有信念而追求分辨者产生精勤。忆念[2]协助精勤者。有忆念协助,心入定,不混乱。入定的心出现智慧的分辨。由此,如实知道事物。通过这样的修习和摆脱种种对象,形成无智入定。

强力者接近。(21)

确实,有九种瑜伽行者。有柔弱、中等和强烈三种方法,也就是柔弱方法、中等方法和强烈方法。其中,柔弱方法又分三种:弱力、中力和强力。中等方法和强烈方法也同样。其中,强烈方法中的强力者接近获得入定和入定果。

依据柔弱性、中等性和强烈性,也有程度区别。(22)

依据柔弱性、中等性和强烈性,也有程度区别。这是

---

① 这里是说他们的心尚未完成职责,化为原初物质后,受职责的驱使,还会返回生死轮回。

② "忆念"(smṛti)指观想。

说有柔弱的强力、中等的强力和强烈的强力。据此也有区别。按照这种区别，柔弱的强力接近，中等的强力更接近，强烈的强力最接近获得入定和入定果。

或者，依靠敬仰自在天。(23)

依据这种方法，更接近达到入定吗？有没有其他方法达到入定？或者，依靠敬仰自在天[1]。依靠敬仰，依靠特殊的虔诚，仅仅凭借沉思，自在天受吸引，施恩于他。仅仅通过沉思他，瑜伽行者更接近获得入定和入定果。

自在天是特殊的原人，不受烦恼、业和果报积聚的影响。(24)

现在，谁是这个不同于原初物质和原人而名为自在天者？自在天是特殊的原人，不受烦恼、业和果报积聚的影响。无知等是烦恼。善行和恶行是业。它们的结果是果报。与它们相应的熏习[2]是积聚。它们出现在思想中，归在原人名下。因为他是这些果实的感受者。犹如士兵们的胜败归在主人名下。因为不受这种感受的影响，自在天是特殊的原人。

---

① “自在天”(īśvara)指至高之神，尤其指湿婆。

② “熏习”(vāsanā，或译“熏染”)指前生的各种业报留在心中的潜印象，积聚或储藏在心中。

有许多独存者达到独存。确实,他们斩断三种束缚[①]而达到独存。而自在天过去和现在都没有这些束缚。可以知道解脱者以前有哪些束缚,而自在天不是这样。或者,化为原初物质者此后显现那些束缚,而自在天不是这样。他始终是解脱者,始终是自在天。

由于获得殊胜的本性,自在天永远杰出。这有没有理由?它的理由是经典。经典的理由是什么?理由是殊胜的本性[②]。经典和杰出这两者无始的联系出现在自在天的本性中。由此,他始终是自在天,始终是解脱者。

他的权威摆脱相同者和超越者。这样,没有其他的权威超越他。如果有超越者,也就是这个权威。因此,达到权威极点者就是自在天。没有与他相同的权威。为什么?两个相同者同时追求一个目标:"让这个成为新的!让这个成为旧的!"其中一个获得成功,另一个愿望受挫,而位居其下。两个相同者不可能同时达到愿望的目标,因为两者的目标互相对立。

因此,正是自在天,他的权威摆脱相同者和超越者。他是特殊的原人。

① "三种束缚"指上述烦恼、业和果报。

② 这里是说"自在天永远杰出"已由经典确定,而经典这样确定是依据自在天殊胜的本性。

在他那里，全知的种子不可超越。(25)

还有，在他那里，全知的种子[1]不可超越。这种或小或大对于过去、未来和现在的以及单个或集体的超感觉把握，是全知种子。它在他那里增长，不可超越。他是全知者。全知的种子达到极点，因为卓越超绝，如同量度本身。在他那里，知识达到极点。他是全知者。他是特殊的原人。推理只能用于确立共同性，已耗尽能力，而不能确立特殊性。他的特殊名称[2]等知识，可以从经典中寻找。虽然他没有自己的利益需求，但他一心饶益众生："在每劫毁灭和大毁灭时，我要教导知识和正法，拯救世间众人。"有这样的说法："这位原初智者，可尊敬的至高仙人，出于慈悲，依靠创造的心，向渴望知识的阿修利[3]宣说要义。"

由于不受时间限制，他也是古人的老师。(26)

由于不受时间限制，他也是古人的老师。古代的那些老师都受时间限制，而在他那里，时间不是为了限制

① 此处"种子"(bija)一词比喻原因，即产生全知的原因或根由，即"超感觉的把握"。

② "特殊名称"指自在天的各种称号，诸如梵天、毗湿奴和湿婆等，体现自在天的各种功能。

③ "阿修利"(āsuli)是数论创始者迦比罗(kapila)的学生。因此，这段引语中提到的"原初智者"可以理解为是指自在天，也可理解为是指迦比罗。传说这位仙人最早从自在天那里获得数论知识。

而出现。因此,他也是古人的老师。应该知道正如他在这个创世之初确立殊胜地位,在往古那些创世之初也是如此。

唵音是他的表示者。(27)

唵[1]音是他的表示者。自在天是唵音的所表示者。这种能表示性和所表示性是约定而成的,或像灯和光那样是固有的?这个所表示者和能表示者的关系是固有的。这个约定用词表示自在天的固有意义。如同父子关系是固有的,通过约定用词表明这是他的父亲,这是他的儿子。在其他的创世中,同样也是依靠这种能表示和所表示的能力,运用约定用词。

念诵它,领悟它的意义。(28)

依据约定的永恒性,通晓经典者知道音和义[2]的关系是永恒的。瑜伽行者明白所表示性和能表示性,念诵它,领悟它的意义。念诵唵音,领悟唵音所表示的自在天。瑜伽行者念诵唵音,领悟它的意义,专心致志。有这样的说法:

---

① "唵"(Om)原本是印度古人在念诵吠陀颂诗时,用于开头和结束的感叹词。后来这个音节逐渐神圣化,用于表示神圣的意义,并具有神秘的力量。

② "音和义"(śabdārtha)即词音和词义,也就是能表示的词音和所表示的词义。

通过诵习修习瑜伽，
通过瑜伽进行诵习，
依靠诵习和瑜伽达到
完美，至高自我显现。

由此，获知内在意识，也无障碍。(29)

对于他，还会有什么？由此，获知内在意识，也无障碍。依靠敬仰自在天，疾病等障碍消除。他也看见自己的原本状态。如同自在天是原人，纯洁，清净，独存，无附属物，他也获知这位感知知觉的原人。[①]

疾病、昏沉、怀疑、懈怠、懒散、欲求、谬见、不进入状态和不稳定，这些心的散乱是障碍。(30)

现在，成为障碍的心的散乱有哪些？或者有多少种？疾病、昏沉、怀疑、懈怠、懒散、欲求、谬见、不进入状态和不稳定，这些心的散乱是障碍。这些是心的散乱造成的九种障碍。它们伴随心的活动出现。没有它们，也就没有障碍。心的活动已在前面讲述。这里，疾病是元素、液汁和感官失调。昏沉是心无能为力。怀疑是知识游移两端，或

---

① 这段中，上面提到“获知内在意识”和“看见自己的原本状态”，这里提到“获知这位感知知觉的原人”。故而，这里的“原人”和上面的“内在意识”或“自己的原本状态”都可以理解为相对于自在天这位特殊的原人的个体原人（即个体自我）。

是这样，或不是这样。懈怠是不能实现入定。懒散是身心沉重，不能启动。欲求是内心贪求感官对象。谬见是识见颠倒。不进入状态是不达到入定状态。不稳定是达到入定状态而心不坚持。因为只有处在入定状态，心才稳定。这些心的散乱称为九种瑜伽污垢、瑜伽敌人和瑜伽障碍。

痛苦、沮丧、肢体摇晃、吸气和呼气伴随心的散乱。(31)

痛苦、沮丧、肢体摇晃、吸气和呼气伴随心的散乱。痛苦来自自身、生物或天界[1]。痛苦是人们受其侵害而努力加以消除者。沮丧是愿望受挫而心中烦躁。肢体摇晃是肢体摇动或颤抖。吸气是吸入外面的气。呼气是呼出体内的气。这些伴随散乱。心散乱者产生这些，而心入定者不产生这些。

为了克服它们，修习固定于一个实体。(32)

现在，这些散乱，入定的敌人，应该依靠修习和离欲加以抑止。其中，他[2]在总结修习这个论题时说："为了克服

① "来自自身的"(ādhyātmika)指疾病等生理痛苦和贪欲、愤怒和恐惧等心理痛苦。"来自生物的"(ādhibhautika)指遭受猛兽、毒蛇、鳄鱼乃至蚊虫之类侵害的痛苦。"来自天界的"(ādhidaivika)指遭受寒暑、风暴和雷电等自然界的痛苦。

② "他"指《瑜伽经》作者。

它们,修习固定于一个实体。”为了克服散乱,应该进行修习,让心依靠一个实体。

但有人认为心刹那变化,仅仅是意念[1],固定于每种对象。而整个心集中于一处,也就没有散乱[2]。

然而,如果心从各处收回,集中于一个对象,也就是集中于一处,而不固定于每种对象。

或者,认为心依靠相似意念的流动,集中于一处。如果集中于一处是流动的心的特质,那么,由于刹那变化,也就没有单一的流动的心。

还有,如果作为流动的一部分,是意念的性质。那么,无论是相似的意念流动,还是不相似的意念流动,由于固定于每种对象,它们都是集中于一处,也就不存在散乱的心。

因此,心是一种,固定不变,而有多种对象。

还有,如果那些意念生性相异,不与一种心相连,那么,一个意念者怎么能记忆另一个意念体验的对象?一个意念者怎么能感受另一个的意念积聚的业?无论怎样考虑,这只能说明“牛粪和牛奶”这个格言[3]。

还有,依据心的相异性,造成否定一个人自己的体验。

---

① “意念”的原词是 pratyaya,词义为认知、观念、概念或意念。

② 以上是说有人认为心仅仅是刹那变化的意念,而所有的心的活动集中于一处,也就没有散乱。这是指佛教的观点。

③ 这个格言指一种荒谬的推理:牛粪产生于牛,牛奶也产生于牛,因此,牛粪等于牛奶。

如果一切意念相异，那么，“我接触我所看见者”，或者，“我看见我所接触者”，怎么能确立“我”这个概念与意念者不相异？“我”这个概念具有不相异的性质，属于一个意念者。如果种种心永远相异，意念怎么能依附同一个意念者。“我”这个概念具有不相异的性质，靠自己的感受把握。其他的认知手段都不能挫败这种感受的力量。而且，其他的认知手段依靠这种感受的力量起作用。因此，心是一种，固定不变，而有多种对象。

心的清净来自于培养对苦乐善恶的慈悲喜舍。(33)

这部经怎样教导修炼稳定的心？心的清净来自于培养对苦乐善恶的慈悲喜舍。其中，应该对一切享受快乐的众生表示慈爱，对遭受痛苦的众生表示悲悯，对具有善性的众生表示欢喜，对具有恶习的众生表示舍弃。这样修炼，便会产生纯洁的性质。由此，心获得清净。心清净而专一，达到安定的境界。

或者，通过呼气和控制呼吸。(34)

或者，通过呼气和控制呼吸。呼气是用特殊方式努力用鼻孔呼出体内的气。控制呼吸是调息[1]。通过这两者，

① “调息”(prāṇāyāma)参阅 2.49—52。

达到心的安定。

或者,感觉对象的活动出现,引起心的安定。(35)

或者,感觉对象的活动出现,引起心的安定。专注于鼻尖,感觉到天香,这是香的活动出现。专注于舌尖,感觉到味。专注于上颚,感觉到色。专注于舌中,感觉到触。专注于舌根,感觉到声。这些活动出现,引起心的安定,消除怀疑,成为进入入定智慧之门。

据此,应该知道,专注于月光、阳光、星光、摩尼珠光和灯光等,也感知到这种感觉对象的活动出现。

虽然依靠种种经典、推理和老师的教导,得知事物的真实性确实存在,因为他们有能力如实确定事物,但是,只要没有亲身体验,甚至只是体验事物一部分,那么,整个事物就仿佛是不可捉摸的。这样,对于解脱等微妙的事物,也就不可能产生坚定的信念。因此,为了巩固经典、推理和老师的教导,必须亲身体验某种特殊的事物。如果能亲身体验他们所教导的事物的一部分,也就能确信包括解脱在内的一切微妙的对象。为此,这部经教导心的修炼。心的活动不受限制,而控制它的对象的意识出现[①],也就能亲身体验种种事物。这样,他的信念、精勤、忆念和入定就

① 这里是指心产生控制感官对象的意识。参阅1.15。

会无障碍。

或者，无忧愁而明亮的。(36)

或者，无忧愁而明亮的活动出现，引起心的安定。专注于心莲花，感觉到知觉。这种知觉的本性明亮如同天空。由于善于保持安定，这种活动呈现阳光、月光、星光和摩尼珠光的形态。同样，专注于自我性，心变得如同无波浪的大海，平静，无限，唯有自我性。对此，有这种说法："知道自我仅仅是微小的原子[①]，他也就会这样认知'我是'的含义[②]。"

这两种无忧愁的活动，有感觉对象和唯有自我性，称为明亮的。依靠它们，瑜伽行者的心达到安定的境界。

或者，心以离欲为对象。(37)

或者，心以离欲为对象。或者，离欲成为心的所缘，瑜伽行者的心受感染，达到安定的境界。

或者，依靠对梦和睡眠的认识。(38)

或者，依靠对梦和睡眠的认识。或者依靠对梦的认

① 此处"自我"指自我意识(ahaṃkāra)。"原子"(aṇu，或译"极微")指物质的最小单位。自我意识也称为"自我意识唯"。"唯"指微小的成分。参阅 2.19。

② "我是"(asmi)的含义指"自我性"(asmitā)。

识，或者依靠对睡眠的认识，呈现那种状态，瑜伽行者的心达到安定的境界。

或者，通过沉思符合自己心愿的对象。(39)

或者，通过沉思符合自己心愿的对象。可以沉思符合自己心愿的那种对象。心在这里达到安定，在别处也会达到安定的境界。

他的控制力达到最小和最大的极点。(40)

他的控制力达到最小和最大的极点。心进入微小者，达到最小极点的安定境界。心进入粗大者，达到最大极点的安定境界。这样，达到这两种极点，他的至高的控制力不受阻碍。由于这种控制力，瑜伽行者的心达到圆满，不再需要反复修炼。

活动消失，达到等至，如同摩尼宝珠，染有所缘的认知者、认知手段和所认知者的色彩。(41)

那么，心获得安定而达到等至[①]有什么特征？以什么

① “等至”的原词是 samāpatti，词义为达到、完成和圆满，也用于指称达到入定状态。这里具体是指心停止活动，与认知者、认知手段和所认知者达到同一的这种入定状态。这也符合此词的词源，即词干 āpatti（“达到”）加上前缀 sam（“完全”、“共同”或“一起”）。“等至”是沿用古代汉译佛经用语。

为对象？于是，这样说：活动消失，达到等至，如同摩尼宝珠，染有所缘的认知者、认知手段和所认知者的色彩。活动消失是意念停息。如同摩尼宝珠是举例说明。如同水晶伴随种种所缘物，染有种种色彩，呈现所缘物的形态。同样，心染有所缘的所认知者的色彩，与所认知者同一，呈现所认知者的形态。同样，染有微小事物的色彩，与微小事物同一，呈现微小事物的形态。同样，染有粗大事物的色彩，与粗大事物同一，呈现粗大事物的形态。同样，染有世界各部分的色彩，与世界各部分同一，呈现世界各部分的形态。

也可以这样观察认知手段感官。染有所缘的认知手段的色彩，与认知手段同一，呈现认知手段的形态。同样，染有所缘的认知者原人的色彩，与认知者原人同一，呈现认知者原人的形态。同样，染有解脱者原人的色彩，与解脱者原人同一，呈现解脱者原人的形态。这样，如同摩尼宝珠，心染有所缘的认知者、认知手段和所认知者即原人、感官和事物的色彩，在它们中保持安定，与它们的形态同一，这称为等至。

混杂有词音、词义和认知的分别，这是有思考等至。(42)

其中，混杂有词音、词义和认知的分别，这是有思考等至[①]。例如，牛作为词音，牛作为词义，牛作为认知，即使

① “有思考等至”（或译“有寻等至”）指入定中有思考。同样，下面提到的“无思考等至”（或译“无寻等至”）指入定中没有思考。

互相不同，也不加区分，看作认知手段。一旦加以区分，这些是词音的性质，这些是词义的性质，这些是认知的性质。这是它们的区分方式[①]。

其中，牛等对象进入达到等至的瑜伽行者的入定智慧中，如果夹杂词音、词义和认知的分别，这是混杂的等至，称为有思考。

如果在入定智慧中，关于语言习惯的记忆完全净化，没有所闻和推理认知的分别，对象只依照自己的特征，呈现自己的形态，这是无思考等至，至高的亲证。这也是所闻和推理的种子。所闻和推理从中产生。而这种感知不伴随所闻和推理认知。因此，瑜伽行者的感知产生于无思考入定，不混杂其他的认知手段。

记忆完全净化，只呈现对象，甚至没有自己的特征，这是无思考。(43)

这条经文说明无思考等至的特征：记忆完全净化，只呈现对象，甚至没有自己的特征，这是无思考。关于语言习惯、所闻和推理认知种种分别的记忆完全净化，智慧染有所认知者的色彩，仿佛抛弃自己具有认知手段性质的智慧的特征，只有对象的特征。与所认知者的特征同一，这

① 关于词音、词义和认知的区别和联系可参阅 3.17。

便是无思考等至。这样作出了说明。

这是它的唯一的知觉通道。因为牛等、罐等或这个世界的本质是对象，以原子聚合为特征。这种特殊的聚合是微小元素的共同性。这成为本质，能通过显现的结果推断。它呈现自己能呈现的形式。一旦其他的特征出现，它便消失。

这种特征称为整体。它是唯一，或大，或小，或可接触，或有作用，或无常。种种行为依靠这种整体起作用。若认为这种特殊聚合并不真实，微妙的原因不可获知，那么，对于他，不存在整体，不能确定对象的形态，而成为虚妄的知识。这样，通常所获知的一切都成为虚妄的知识。因为不存在对象，怎么能产生正确的知识？[①]

无论获知什么，都与整体性相关。因此，存在整体，产生大等的说法[②]，成为无思考等至的对象。

据此，微小对象的有观察和无观察也得到说明。(44)

据此[③]，微小对象的有观察和无观察[④]也得到说明。

① 以上是说一切事物都是由原子聚合而成的整体。而有人否认这种整体性，从而否认事物的真实性。这是指佛教的观点。

② “大等的说法”指大和小等说法。

③ “据此”指依据上述无思考等至。

④ “有观察”(或译“有伺”)和“无观察”(或译“无伺”)指有观察等至和无观察等至，即入定中有观察和没有观察。

这里，微小的元素显现特征，依靠对地点、时间和原因的感受区分。这种等至称为有观察。还有，微小的元素呈现活动的特征，由一种知觉感知，成为所缘，出现在入定智慧中。

而在任何情况下，面对这样的微小对象，它们不分静止的、活动的或不可名状的性质，而依随一切性质，实际是一切性质的本质[①]，这种等至称为无观察。因为微小的元素确实是这样的特征。依靠这种特征，成为所缘，影响入定智慧的特征。一旦智慧仿佛没有自己的特征，唯有对象，便称为无观察。

这里，以粗大事物为对象的有思考和无思考，以微小事物为对象的有观察和无观察。这样，通过无思考说明这两者毋庸置疑。

微小对象的性质以无相为终极。(45)

微小对象的性质以无相[②]为终极。地原子的微小对象是香唯。水原子的微小对象是味唯。光原子的微小对象是色唯。风原子的微小对象是触唯。空原子的微小对

① 这里描述的微小对象实际是原子。

② “无相”(alinga)指原初物质，因为它处于未显状态而不可见。

象是声唯[①]。所有这些这些原子的微小对象是自我意识[②]。自我意识的微小对象是相唯[③]。相唯的微小对象是无相[④]。没有超越无相的微小者。原人难道不是微小者？是的。无相的微小超越相，而原人不是这样的微小者。原人不是相的直接原因，但也是相的助因。由此，原初物质的至高微小得到说明。

这些只是有种子入定。(46)

这些只是有种子入定。这四种入定以外在事物为种子，是有种子入定。其中，依据粗大对象的有思考和无思考，依据微小对象的有观察和无观察。这四种入定得到说明。

在清澈的无观察中，内心清净。(47)

在清澈的无观察中，内心清净。以光明为本质的知觉本性[⑤]摆脱污垢的遮蔽，稳定的光流不被动性和惰性压

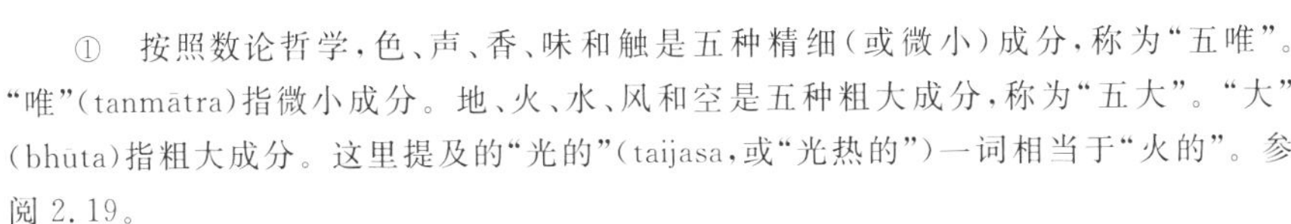

① 按照数论哲学，色、声、香、味和触是五种精细（或微小）成分，称为“五唯”。“唯”(tanmātra)指微小成分。地、火、水、风和空是五种粗大成分，称为“五大”。“大”(bhūta)指粗大成分。这里提及的“光的”(taijasa，或“光热的”)一词相当于“火的”。参阅2.19。

② “自我意识”(ahaṃkāra)是在数论哲学描述的原初物质演化序列中，排序在“五唯”之前，也称为“自我意识唯”。

③ “相唯”(liṅgatanmātra)指觉(buddhi)，排序在自我意识之前，原初物质之后。

④ 以上这些同类句式，均表示其中的后者是前者的原因。

⑤ “知觉本性”(buddhisattva)也可译为“知觉善性”或“知觉本质”。

倒，这是清澈。一旦无观察入定产生这种清澈，瑜伽行者内心清净，明亮的智慧光芒以事物为对象，无关乎步骤[①]。有这样的说法：

智者登上智慧的宫殿，
无忧无虑，犹如站在
高山之巅，俯瞰世间
充满忧虑的一切众生。[②]

这里，智慧充满真理。(48)

这里，智慧充满真理。这里，心入定者的智慧产生，称为"充满真理"。这个名称名副其实，它确实充满真理。其中，甚至嗅不到虚妄知识的气味。有这样的说法：

瑜伽行者通过经典、推理和品味修禅，
以这三种方式培养智慧，获得至高瑜伽。

还有不同于所闻和推理智慧的领域，因为涉及特殊的对象。(49)

还有不同于所闻和推理智慧的领域，因为涉及特殊的对象。所闻是经典知识，属于一般的领域。依靠经典不能

① "无关乎步骤"指直接感知。
② 这首偈颂也见于巴利语佛经《法句经》28。

表达特殊。为什么？因为没有表达特殊的词语。

同样，推理属于一般的领域。“抵达则有通道，不抵达则无通道。”这种说法便是依据一般得出的结论。因此，所闻和推理的领域没有任何特殊。而这种微小、间隔和远离的事物也不能依据世俗的感觉获知。但这种不可认知的特殊并非不存在。这种特殊能由入定智慧把握。它属于微小元素，或属于原人。因此，还有不同于所闻和推理智慧的领域，因为涉及特殊的对象。

由此产生的潜印象阻止其他的潜印象。(50)

瑜伽行者获得入定智慧，由智慧造成的潜印象不断更新。由此产生的潜印象阻止其他的潜印象。由入定智慧产生的潜印象遏制涌起的潜印象。抑止了涌起的潜印象，由此产生的意念便不产生。抑止了意念，入定出现。然后，入定产生智慧。然后，智慧造成潜印象。这样，潜印象不断更新。

然后，智慧，然后，潜印象。为何这种潜印象不让心担负任务？

这些由智慧造成的潜印象是消除烦恼的原因，它们不让心担负这种特殊的任务。它们让心摆脱自己的任务。因为心的活动以明辨为终极。

在它得到抑止时，由于抑止了一切，成为无种子入定。(51)

然后，怎么样？在它[1]得到抑止时，由于抑止了一切，成为无种子入定。它[2]不仅抑止入定智慧，也抑止由智慧造成的潜印象。为什么？这种抑止产生的潜印象抑止入定产生的潜印象。这种抑止心造成的潜印象，可以凭对于抑止而安定的时间顺序的感知推断。抑止涌起的潜印象的入定产生与独存者联系的潜印象。与这些潜印象一起，心沉入自己原本所处的原初物质中。因此，这些潜印象抑止心的任务，不成为安定的原因。一旦心停止任务，与属于独存者的潜印象一起停息。心停息，原人完全保持自己的原本形态，而称为纯洁者、独存者和解脱者。

以上是钵颠阇利依据数论的《瑜伽论》中名为《入定》的第一章。

① “它”指“由智慧造成的潜印象”。

② 此处“它”指无种子入定。

第　二　章

苦行、诵习和敬仰自在天是行动瑜伽。(1)

已经说明心已安定者的瑜伽。现在开始说明心还活跃者怎样实行瑜伽？苦行、诵习和敬仰自在天是行动瑜伽。不修苦行，他的瑜伽不会成功。无始以来种种业和烦恼的熏习，以及与种种感官对象的接触，造成不纯洁。不通过苦行，便不能清除。因此，要修苦行。正是这样，认为应该修苦行①，让心达到清净，而不造成障碍。

诵习是念诵“唵”等祷词，或诵习解脱经纶。敬仰自在天是将一切行动献给最高的导师，或舍弃行动成果②。

为了促进入定和为了减少烦恼。(2)

因为这种行动瑜伽是为了促进入定和为了减少烦恼。因为它用于促进入定和减少烦恼。通过沉思入定，烦恼减

---

① 关于“苦行”的具体内涵可参阅2.32。

② “舍弃行动成果”指从事行动而不贪求或执著行动成果。

少，犹如被火烧焦的种子，变得不能生长。

由于烦恼减少，微妙的智慧不再沾染烦恼，仅仅辨明本性①和原人的区别。这样，它完成任务，适合消退。

无知、自我性、贪欲、憎恨和执著是烦恼。(3)

什么是烦恼？或者，有哪些烦恼？无知、自我性、贪欲、憎恨和执著是烦恼。这些烦恼意谓五种颠倒妄想。它们活跃，便强化三性②的作用，确立变化，开启因果之流，互相扶持依靠，产生业果。

无知是其他那些的基础，无论那些是蛰伏的、微弱的、间断的或活跃的。(4)

无知是其他那些的基础，无论那些是蛰伏的、微弱的、间断的或活跃的。这里，无知是基础，是自我性等其他四种妄想的发源地，无论它们是蛰伏的、微弱的、间断的或活跃的。其中，什么是蛰伏的？它们仅仅作为能力在心中保持种子状态。一旦醒来，就会面对所缘物。而沉思入定者的烦恼种子已烧焦，甚至不会再有面对所缘物的情况。烧焦的种子怎么还会生长？因此，灭尽烦恼的智者被称为只

① 此处“本性”(sattva)相当于“知觉本性”(buddhisattva)。参阅1.47。在后面的相关论述中，常常单独使用“本性”，而实际是指“知觉本性”。

② “三性”指原初物质的三种性质。

有最后一身。只是在他这里，而不是在别处，有烦恼的第五种状态[①]，即烧焦的种子状态。这时，那些烦恼存在，而它们的种子能力已被烧毁。即使面对感官对象，它们也不会醒来。以上所说是关于蛰伏而烧焦的种子不再生长。

现在说微弱的。这些烦恼受到对治的修习[②]遏制，变得微弱。

同样，它们一次次中断，又自己一再行动，这是间断。怎么样？贪欲出现时，看不见愤怒。因为贪欲出现时，愤怒不行动。还有，对某种对象展现贪欲，并非不对其他对象展现贪欲。吉多罗迷恋一个女人，并不意味他不迷恋其他女人。但是，贪欲在这里得以活动，而在别处活动要等到以后。

以上这些便是蛰伏的、微弱的和间断的。

在对象中得以活动，则是活跃的。

所有这些确实都不超越烦恼的领域。那么，烦恼为何称为间断的、蛰伏的、微弱的和活跃的？这是实际情况。但它们互不相同，具有间断等性质。

正如受到对治的修习遏制而停息，同样，由于自己的展现能力而展现。

---

① “第五种状态”指不同于蛰伏、微弱、间断和活跃的第五种状态。

② “对治的修习”指对治烦恼的修习。

所有这些烦恼只是无知的分类。为什么？因为无知浸透所有这些。任何事物只要沾染无知，烦恼就会紧随。若颠倒妄想，则获得烦恼。若无知消失，烦恼也就随之消失。

无知是将无常、不净、苦和非我呈现为常、净、乐和我。(5)

这是讲述无知的特征。无知是将无常、不净、苦和非我呈现为常、净、乐和我。将无常的事物呈现为常，例如，永恒的大地，永恒的天空、月亮和星星，不朽的天神。

同样，将不净的、最令人厌弃的身体呈现为净。有这种说法：

> 智者们知道身体不净，依据它的处所、
> 来源、维持、排汗、毁灭和需要清洁。

看到有这样将不净呈现为净："这个少女像一弯新月那样可爱，肢体仿佛由蜜汁和甘露构成，看似破月而出。她的眼睛宽阔如同蓝莲花瓣，妩媚的目光仿佛给世界注入生命气息。"这是将什么与什么联系？这是将不净颠倒妄想为净。由此，也说明将不善视为善，将无益视为有益。

同样，会说到将苦呈现为乐："由于变化、焦虑和潜印象的痛苦，也由于三性活动的对立，对于有分辨力的人，一切皆苦。”[①]这里，呈现为乐是无知。

同样，将非我呈现为我。有意识或无意识的外在工具，或作为感受载体的身体，或作为原人工具的思想，将这些非我呈现为我。同样，在这方面，有这种说法：“相信显现或未显现的本性具有我性[②]，为它的成就而高兴，认为是自己的成就；为它的衰微而悲伤，认为是自己的衰微，这样的人没有觉醒。”

无知有这样的四足[③]。它是连续不断的烦恼和带来果报的业的积聚的根源。可以认为它的真实性质如同“非友”和“非牛迹”。如同“非友”，既不是无朋友，也不是某种朋友，而是朋友的对立面，即敌人。如同“非牛迹”，既不是无牛迹，也不是某种牛迹，而是某个地方，即不同于这两者的某种事物[④]。同样，无知既不是某种认知手段，也不是无认知手段，而是与知识对立的另一种认知。

见力和视力这两者仿佛同一，这是自我性。(6)

见力和视力这两者仿佛同一，这是自我性。原人是见力。知觉是视力[⑤]。这两者仿佛同一，这是自我性，称为

① 参阅2.15。
② 这里是说将知觉视为自我。
③ “四足”即上述将无常、不净、苦和非我呈现为常、净、乐和我。
④ 这里是指不见牛迹的深山密林。
⑤ 这里意谓知觉视力是原人见力的工具。

烦恼。

感受力和所感受力这两者绝对有区别，绝对不混合。只有在这两者仿佛变得没有区别时，感受才有可能。一旦获知各自的形态[①]，便出现独存，怎么会有感受？同样，有这种说法："看不到原人的形态、性向和知识等方面有别于知觉，便会出于愚痴，以为知觉是自我。"

贪欲是追随快乐。(7)

贪欲是追随快乐。知道快乐者记得以前的快乐，渴求、渴望和探求快乐或实现快乐的手段，这是贪欲。

憎恨是追随痛苦。(8)

憎恨是追随痛苦。知道痛苦者记得以前的痛苦，抗拒、怨恨、仇视和渴望消灭痛苦或造成痛苦的手段，这是憎恨。

甚至智者也会出现自我情感的流动，这是执著。(9)

甚至智者也会出现自我情感的流动，这是执著。这是一切众生的自我祝福："但愿我不要死去！但愿我活着！"如果没有对死亡的体验，就不会产生这种祝福。由此可以

---

① "获知各自的形态"指明了知觉和原人的区别。

推断前生的经验。这种执著是烦恼。

即使只是生为昆虫，也会出现这种自我情感的流动。对死亡的恐惧具有断见[1]的性质，并非依靠现量、推理或圣教量展现，而是推断前生体验的死亡痛苦。

这种烦恼见于极其愚痴的人，同样也出现在明白前际和后际[2]的智者中。为什么？受到死亡痛苦体验的熏习，对于智者和愚者是相同的。

它们处在微小时，遭到排除而消失。(10)

它们处在微小时，遭到排除而消失。这五种烦恼如同烧焦的种子，在瑜伽行者的心完成任务而安定时，与瑜伽行者的心一起消失。

它们的活动由沉思排除。(11)

它们处在种子状态时，它们的活动由沉思排除。那些烦恼的粗大活动，依靠行动瑜伽减弱，然后由沉思入定排除，以至变得微小，如同烧焦的种子。如同首先清除衣服上的粗糙的污垢，然后用力或设法清除微小的污垢。同样，那些烦恼的粗大活动是弱小的对手，而那些微小的活

① “断见”(ucchedadṛṣṭi)是认为事物最终断灭，而无因果连续可言。

② “前际和后际”指事物始终。由此，“明白前际和后际”意谓通晓一切知识。

动是强大的对手。

业的积聚以烦恼为根基，能由可见的和不可见的出生感知。（12）

业的积聚以烦恼为根基，能由可见的和不可见的出生感知。这里，善业和恶业的积聚产生于爱欲、贪求、愚痴和愤怒。它能由可见的出生感知，也能由不可见的出生感知。其中，善业的积聚作出强大努力，运用颂诗、苦行和入定，供奉自在天、天神、大仙人和具有大威力者，顿时达到成熟。同样，恶业的积聚带着强烈的烦恼，对怀有恐惧、患有病痛和遭逢不幸的人，或对信任他的人，或对具有大威力的苦行者，一再作恶，也顿时成熟。犹如喜主童子抛弃人的形体，变为天神，同样，国王友邻即使成为天王，也抛弃自己的形体，变为畜生。[①]

其中，堕入地狱者没有能由可见的出生[②]感知的业的积聚。灭尽烦恼者则没有能由不可见的出生[③]感知的业

① 喜主童子（nandīśvara）原本是凡人，只有八年寿命。但他修炼严酷的苦行，受到大神湿婆恩宠，升入天国。国王友邻（nahuṣa）曾经取代因陀罗成为天王。而他登上天王宝座后，欲望膨胀，觊觎因陀罗的妻子舍姬。因陀罗让舍姬怂恿友邻乘坐众仙人抬的轿子。友邻忘乎所以，命令众仙人用轿子抬他，甚至用脚踢了投山仙人的头。结果，遭到投山仙人诅咒，从天国坠落，在大地上变成蟒蛇一万年。

② “可见的出生”指现世的出生。

③ “不可见的出生”指未来的出生。这里是说灭尽烦恼者此后不再进入轮回转生，也就是获得解脱。

的积聚。

根基存在，它的果报是出生、寿命和感受。(13)

根基存在，它的果报是出生、寿命和感受。这些烦恼存在，业的积聚便有果报。而一旦铲除烦恼根基，便没有果报。犹如有壳的麦粒，形同没有烧焦的种子，能发芽生长，而去壳的麦粒，形同烧焦的种子，不能发芽生长。

同样，受烦恼系缚的业的积聚会产生果报，而消除烦恼，烦恼种子在沉思入定中被烧焦，则不会产生果报。

这种果报有三种：出生、寿命和感受。

这里要思考这个问题：是否一种业是一种出生的原因？或者，一种业引起多种出生？

同时思考第二个问题：是否多种业引起多种出生？或者，多种业引起一种出生？

并非一种业是一种出生的原因。为什么？若是这样，无始以来积累的无数剩余的业和现在的业，它们的业果并无一定的次序，世人会惶惑不安。这不可取。

也不是一种业是多种出生的原因。为什么？如果存在多种业，每一种业成为多种出生的原因，那么，就会缺乏其余的业产生果报的时间。这也不可取。

也不是多种业是多种出生的原因。为什么？多种出生不可能同时发生。应该说，只能依次发生。那样说也具

有前面的缺陷。

因此，在生死之间，善业和恶业的积聚多种多样，通常表现为依附主要因素的状态，死亡时，昏沉地聚集在一起，引起一种出生。这种出生凭这种业获得寿命。在这种寿命中，也凭这种业获得感受。

这种业的积聚成为出生、寿命和感受的原因，被称为有这三种果报。因此，业的积聚被说成是“一次生存”[①]。

而能由可见的出生感知的业的积聚，或者获得感受一种果报，或者获得感受和寿命两种果报。这正如喜主童子和国王友邻。[②]

然而，心积聚无始以来的熏习，来自对烦恼、业和果报的体验，仿佛多姿多彩，犹如一张撒开的带结的渔网。这些是许多次前生的熏习。正是这种业的积聚，它被说成是“一次生存”。那些引起记忆的业就是那些无始以来的熏习。

而一次生存的业的积聚既有确定的果报，也有不确定的果报。这种确定属于能由可见的出生感知的确定的果报，而不属于能由不可见的出生感知的不确定的果报。为

① “一次生存”(ekabhavika)的意思也就是引起一种出生。

② 这里可能指喜主升入天国，获得天神的寿命和感受。而国王友邻获得与天王因陀罗相同的寿命，即使遭到投山仙人诅咒，变成蟒蛇，也能活上一万年，但失去天王的感受。

什么？能由不可见的出生感知的不确定的果报有三种去向：不产生果报而毁灭，或淹没在主要的业中，或长期存在，而受到产生确定的果报的主要的业压制。

其中，不产生果报而毁灭。例如，白业产生，则黑业毁灭。这方面，有这种说法："两种，两种，应该知道有两种业。种种善行消灭恶业。因此，你要在这世上做善事。智者们教你怎样行动。"

淹没在主要的业中。这方面，有这种说法："如果有少量的混合[1]，可以排除，可以忍受，不足以消除善业。为什么？因为我有其他许多善业，这种少量的混合淹没在其中，即使在天国，消除力[2]也是微弱的。"

长期存在，而受到确定的果报的主要的业压制，是怎样的情况？据说死亡是能由不可见的出生感知的和果报确定的业共同展现的原因[3]，而不是能由不可见的出生感知的、果报不确定的业展现的原因。这种能由不可见的出生感知的、果报不确定的业，或者毁灭，或者被淹没，或者长期存在而受到压制，直至相同的业成为展现的原因，它才会产生果报。

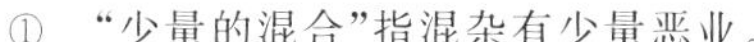

① "少量的混合"指混杂有少量恶业。

② "消除力"指少量恶业消除大量善业的能力。

③ 这里意谓死亡处在交界处，即过去果报确定的业已经结束，而造成未来不可见出生的业即将开始。

由于业的果报的地点、时间和原因不确定，这种业的去向多种多样，难以确知。然而，“例外不能否定规则”，因此，一次生存的业的积聚得到确认。

以善和恶为原因，它们有快乐和痛苦的果实。(14)

以善和恶为原因，它们有快乐和痛苦的果实。出生、寿命和感受若以善为原因，有快乐的果实；若以恶为原因，有痛苦的果实。正如这种痛苦有逆反性[①]，瑜伽行者即使在感受感官对象的快乐时，也有这种逆反性的痛苦[②]。

由于变化、焦虑和潜印象的痛苦，也由于三性活动的对立，对于有分辨力的人，一切皆苦。(15)

这怎么会发生？由于变化、焦虑和潜印象的痛苦，也由于三性活动的对立，对于有分辨力的人，一切皆苦。所有人的这种快乐体验以有意识和无意识的对象为工具，都夹杂贪欲。在这方面，有贪欲产生的业的积聚。

同样，仇恨那些造成痛苦的工具，便会愚痴。这样，有仇恨和愚痴造成的业的积聚。同样，有这种说法：“不伤害生物，就不会有享受。”这样，也有杀生造成的业的积聚。

---

① “逆反性”(pratikula)指痛苦违背人的意愿。

② 这里是指瑜伽行者意识到快乐中夹杂有贪欲，也会带来痛苦。参阅下面的论述。

这样，也有这种说法："感官对象的快乐是无知。"

在种种享受中，感官满足而平静，这是快乐；有所贪求则不得平静，这是痛苦。而反复获得感官享受并不能消除渴望。为什么？因为贪欲和感官技能随着反复享受而增长。所以反复享受并不是获得快乐的方法。

追求快乐，沉浸在感官对象中，陷入痛苦的大泥沼，犹如害怕蝎子毒的人遭到毒蛇咬。这种变化的痛苦确实具有逆反性。即使处在快乐中，它也折磨瑜伽行者。

还有，什么是焦虑的痛苦？所有人的这种焦虑体验以有意识和无意识的对象为工具，都夹杂仇恨。在这方面，有仇恨产生的业的积聚。而追求那些造成快乐的工具，依靠身、口和意的活动。由此，施恩和伤害他人。施恩和伤害他人，积累善和恶。这种业的积聚产生于贪婪和愚痴。这称为焦虑的痛苦。

还有，什么是潜印象的痛苦？快乐的潜印象的积聚产生于快乐体验，痛苦的潜印象的积聚产生于痛苦体验。这样，在体验快乐或痛苦的业的果报时，业的积聚增长。

这样，这种无始以来的痛苦流水具有逆反性，折磨瑜伽行者。为什么？因为智者如同眼球。犹如一丝羊毛落入眼球，接触引起痛苦，而这种情况不会出现在肢体其他部分。同样，这些痛苦折磨如同眼球的瑜伽行者，而不折磨其他人。

而其他人，不断接受自己的行动带来的痛苦，接受后抛弃，抛弃后又接受。心的活动染有无始以来多种多样的熏习，仿佛全身浸透无知，执著“我”和“我的”，不抛弃应该抛弃的事物，一再出生。具有外在和内在两种原因的三重痛苦[①]便紧紧相连。这样，看到自己和众生在无始以来的痛苦流水中沉浮，瑜伽行者寻求灭除一切痛苦的正见庇护。

也由于三性活动的对立，对于有分辨力的人，一切皆苦。知觉的性质有明亮、活动和停滞三种形态，互相扶持，或平静，或恐惧，或愚痴，形成三性的概念。三性的活动是变化的，因此心迅速变化。互相具有强烈的形态和活动，则互相对立。而普通的则与强烈的一起活动。这样，三性互相依附，形成快乐、痛苦和愚痴的概念，具有一切形态。它们的差别取决于三性中哪种占据主要地位的状况。因此，对于有分辨力的人，一切皆苦。因此，产生这种大痛苦的种子是无知，而正见是消除它的原因。

正如医典有四部分：患病、病因、康复和药物，这部经同样也有四部分：轮回、轮回的原因、解脱和解脱的方法。其中，充满痛苦的轮回应该排除。原初物质和原人的结合是应该排除的原因。这种结合完全停止是排除。排除的

① “三重痛苦”指来自自身、生物和天界的三重痛苦。参阅1.31。

方法是正见[①]。

这里，排除者本身[②]不能成为可获取者或可排除者。排除它，则陷入断灭说。获取它，则陷入原因说。否定这两者，则是永恒说[③]。这便是正见。因此说这部经有四部分。

尚未到来的痛苦可以排除。(16)

尚未到来的痛苦可以排除。过去的痛苦已经体验而逝去，不属于可以排除者。现在的痛苦处在此刻的体验中，在下一刻也不成为可以排除者。因此，只有尚未到来的痛苦成为可以排除者。这种痛苦折磨如同眼球的瑜伽行者，而不折磨其他的感受者。因此，这称为可以排除者，而在这里说明它的原因。

见者和所见的结合是应该排除的原因。(17)

见者和所见的结合是应该排除的原因。见者是感受知觉的原人。所见是出现在知觉本性中的一切特征。这种所见如同磁石，仅仅凭借邻近而起辅助作用。由于具有

---

① 这里的“正见”是指认清变化的原初物质和永恒的原人的区别。

② “排除者本身”指原人或自我。

③ 这里是说原人是永恒存在的，也是永不变化的。如果认为可以排除它，则陷入断灭说。如果认为可以获取它，则陷入原因说，即认为它是有因有果的。

可见性，成为作为主人的能见者原人的所有物。

成为感知活动的领域，获取其他特征而具有其他特征的性质。即使原本是独立的，也因为具有为他性而成为依他者[①]。无始以来有意造成的见力和视力两者的结合是应该排除的原因[②]，也就是痛苦的原因。

同样，有这种说法："排除这种结合的原因，能彻底消除痛苦。"为什么？看到对治这种应该排除的痛苦原因的方法。譬如，脚跟会受刺，而荆棘能刺，排除的方法是不要将脚踩在荆棘上，或者穿上鞋子踩荆棘。

知道世上的这种三重性，就会采取对治的方法，而不获得受刺的痛苦。为什么？因为他能掌握这种三重性[③]。

这里，有制造痛苦的动性，善性受到折磨。为什么？由于处在行动中，痛苦对善性活动产生作用。由于知领域者（"原人"）只是呈现对象，不变化，不行动，痛苦对它不起作用。然而，善性受折磨时，原人也随同善性的状态受折磨。

所见具有明亮、活动和停滞的性质，具有元素和感官

① 这里是说知觉成为原人的感知活动的领域，具有为他性而成为依他者，失去独立性。

② 参阅2.6。

③ 这里的"三重性"指受刺、受刺的原因和对治的方法。

的性质，为了感受和解脱。(18)

这里讲述所见的特征：所见具有明亮、活动和停滞的性质，具有元素和感官的性质，为了感受和解脱。善性具有明亮的性质，动性具有活动的性质，惰性具有停滞的性质。这三性各部分互相感染，不断变化，有结合和分离的特点。互相依附而获得形态。虽然互相形成部分和整体，都是不可分割的力量的一部分。它们依随同类和不同类的力量。某种性质占据主要地位时，其他性质呈现为邻近的次要的性质。可以依据它们的作用推断它们存在于主要的性质中。这三性能适应原人的目的。它们仅仅凭借邻近而起辅助作用，犹如磁石。不依靠其他原因，它们追随其中一者的活动。它们得名原初物质。这是所见。

它[①]具有元素和感官的性质。它伴随地等微小和粗大的元素形态变化，同样也伴随耳等微小和粗大的感官形态变化[②]。但它并非无目的，而是有目的而展现。因为所见是为了原人的感受和解脱。其中，感受是确认可爱和不可爱的三性特征，而不加区别[③]。解脱是确认感受者（“原人”）的原本形态。除了这两者，没有其他的认知。同样，

① “它”指“所见”，即原初物质。

② 这里所说元素和感官形态的变化，其中，元素的粗大形态指地等“五大”，微小形态指声等“五唯”。感官的粗大形态指耳等“五知根”、口等“五作根”和意（“意根”），微小形态指自我意识。参阅2.19。

③ “不加区别”指没有知觉和原人的区别。

有这种说法:"三性是行动者,原人是同类或不同类的第四者,不行动而感受它们的行动,而看到一切事物被呈现给他,便不怀疑存在另一种认知[①]。"

感受和解脱这两者由知觉造成,并出现在知觉中,怎么说成是原人?正如战争的胜败归于统帅,因为他是这种果实的享有者。同样,出现在知觉中的束缚和解脱归于原人,因为他是这种果实的感受者。原人的目的没有实现,知觉是束缚;原人的目的达到,则是解脱。

由此,出现在知觉中的认知、执取、思考、否定、真知和执著,也都依附原人,因为他是这种果实的感受者。

特殊、非特殊、相唯和无相是三性的关节。(19)

为了把握所见三性的各种特征,这里讲述特殊、非特殊、相唯和无相是三性的关节。其中,空、风、火、水和地这些元素("五大")是非特殊的声、触、色、味和香这些唯[②]("五唯")的特殊。

同样,耳、身、眼、舌和鼻是知觉感官("五知根")。口、手、足、肛门和生殖器是行动感官("五作根")。第十一种意("意根"),以一切为对象。这些是非特殊的自我意识相

① "另一种认知"指原人的纯智。

② "唯"(tanmātra,或译"唯量")指精细或微小的成分。参阅 1.45。这里以及下面使用的"唯"字,均可按此词义理解。

的特殊[1]。这是三性的十六种特殊变化[2]。

六种非特殊，即声唯、触唯、色唯、味唯和香唯。它们分别具有一、二、三、四和五相，即声等非特殊[3]。第六种非特殊是自我意识唯。这些是存在唯[4]的大我[5]的六种非特殊变化[6]。

这个“大谛”[7]是相唯，超越这些非特殊。所有这些处在存在唯的大我中，达到它们增长的极点。它们解体时，也处在存在唯的大我中，返回非存在非不存在、非有非无和非无而不显现的无相的原初物质。这是它们转变为相唯，然后转变为非存在非不存在的无相。

原人的目的不是无相状态的原因。也就是说，在开始时，原人的目的性不成为无相状态的原因。原人的目的性不成为这种状态的原因。这种状态并不由原人的目的造成。因此，这称为“常”[8]。

---

① 这里是说十一种感官是自我意识的特殊变化。

② “十六种特殊变化”也就是五大元素和十一种感官。

③ 这里意谓空有声，风有声和触，火有声、触和色，水有声、触、色和味，地有声、触、色、味和香。

④ “存在唯”(sattāmātra)指细微的存在。

⑤ 这里的“大我”指知觉(buddhi)。在数论中，“知觉”也称为“大”(mahat)。

⑥ “六种非特殊变化”也就是五种感官对象(“五唯”)和自我意识。

⑦ “大谛”(mahattattva)也就是知觉。数论将世界一切分成二十五谛：原人(自我)、原初物质、知觉(或称“大”)、自我意识、十一种感官、五种感官对象和五大元素。

⑧ 按照数论，原初物质也是永恒的，故而称为“常”。

而在开始时，原人的目的性成为三种特殊状态[①]的原因。按照目的，这种原因成为助因。因此，这称为“无常”。

而三性依随所有这些特征，既不消失，也不产生。它们仿佛具有生和灭的特征，展现属于特征的过去和未来、消失和出现。

比如，提婆达多陷入贫困。为什么？因为他的那些牛死了。他的贫困是由于他的那些牛死了，而非由于他自身受损。

同样道理，无相接近相唯，与它结合，而又有区别，因为不能忽略次序[②]。同样，六种非特殊与相唯结合，而又有区别，因为受到变化次序限制。同样，五大元素和那些感官结合，而又有区别。

同样，有这种说法：“在这些特殊之后，没有其他的实体。”这些特殊没有其他的实体变化。这些特殊的性质、特征和状态变化会在后面说明[③]。

见者是唯见，即使纯洁，但也观看认知。(20)

已经说明所见。现在开始确定见者的自身形态。见

① 这里的“三种特殊状态”是指前面提到的特殊、非特殊和相唯。也就是说，原人（自我）和原初物质属于“常”，其他都属于“无常”。

② “次序”指事物发展变化中存在的先后次序。

③ 参阅3.13。

者是唯见，即使纯洁，但也观看认知。“唯见”意谓观看的能力，并不接触特殊。原人感知知觉。他既不与知觉相同，也不与知觉完全不同。

不相同。为什么？由于已知和未知领域的性质。知觉充满变化。知觉的领域，牛等，罐等，已知的和未知的，显示变化性。而已知领域的性质[①]始终表明原人的不变化。为什么？因为知觉作为原人的领域，不可能是或可把握，或不可把握。原人的已知领域得到确定，原人的不变化性也得到确定。

还有，知觉有聚合作用，故而为他者而存在。而原人为自己而存在。同样，知觉确定一切对象，具有三性。具有三性而无意识。而原人是三性的旁观者。因此，不相同。

说是不同，但也不是完全不同。为什么？即使纯洁，但也观看认知。因为他观看知觉的认知。虽然与知觉的性质不同，但他观看认知，而显得与知觉的性质相同。同样，有这种说法：“感受者的能力不变化和不变动，而仿佛依随知觉的活动方式，随着变化的对象变动。知觉的活动方式具有就近获得的意识[②]的形态。这样，只是由于与知

① 这里是说原人的领域始终是知觉。这种领域是已知的，而不像知觉的领域是已知和未知的。

② 这里所说的“意识”(caitanya)与这段话中下面提到的“智”(jñāna)均指作为纯意识或纯智的原人。

觉的活动方式相似，智的活动方式被说成与知觉的活动方式没有不同。”

所见本身只是以他为目的。(21)

所见本身只是以他为目的。原人呈现为见[①]，所见成为原人的行动形态。因此，所见本身只是以他为目的，即成为性质。然而，这种性质依靠他者[②]形态获得。一旦完成感受和解脱，也就不被原人感知。排除了性质，它也就消失，然而，它并不消亡。

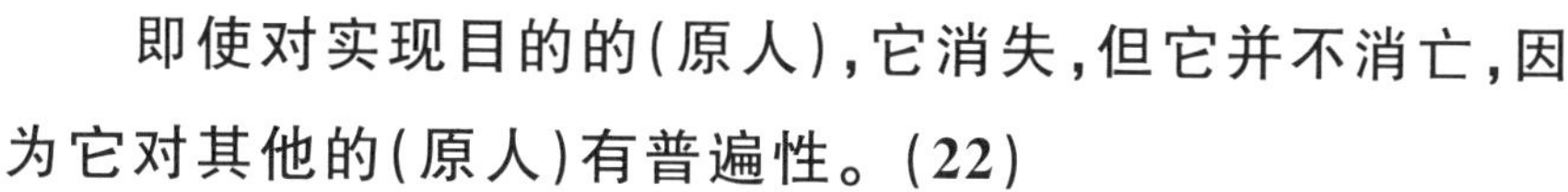

即使对实现目的的(原人)，它消失，但它并不消亡，因为它对其他的(原人)有普遍性。(22)

为什么？即使对某个实现目的的(原人)，它消失，但它并不消亡，因为它对其他的(原人)有普遍性。即使对通晓的原人，它消失，但它并不消亡，因为它对其他不通晓的原人，即尚未实现目的原人，它成为他们的唯见行动的对象，依靠他者的形态，获得自己的形态。因此，由于见力和视力的永恒性，无始的结合得到说明。同样，有这种说法：“由于有特征者的无始的结合，也有这种特征的无始的

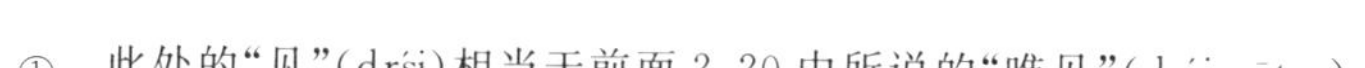

① 此处的“见”(dṛśi)相当于前面2.20中所说的“唯见”(dṛśimātra)。

② 此处的“他者”指原人。

结合。"[1]

结合是获知所有物和主人两者能力的性质的原因。(23)

这条经文想要确定结合的性质:结合是获知所有物和主人两者能力的性质的原因。原人作为主人,所见作为所有物,原人与所见结合是为了认知。由于结合,获知所见,这是感受。而获知见者的性质,这是解脱。结合在完成认知后结束。因此,认知被说成是分离的原因。认知和不认知形成对立。因此,不认知被说成是结合的原因。这里,认知不是解脱的原因。唯有不存在不认知,不存在束缚,这才是解脱。认知存在,作为束缚的不认知消失,因此,认知或知识被说成是独存的原因。

那么,所谓的不认知是什么?是三性的作用吗?或者是向呈现唯见形态的主人展示对象后,主导的心不出现,作为所有物的所见存在,而认知不存在吗?或者是三性的目的吗?或者是无知和自己的心一起受到抑止后,又成为自己心中的种子?或者是在静止的潜印象消亡后,行动的潜印象又显示?在这方面,有这种说法:"如果原初物质一味静止,那就不存在变化的原因,也就不成为原初物质。

① 这里所说的"特征"指知觉,"有特征者"也就是指原人。

同样，原初物质一味行动，那就永远变化，也就不成为原初物质。唯有它具备这两种方式，才能称为原初物质，否则不行。这样的考虑同样适用于其他所能想到的各种原因。”

一些人说不认知正是认知的动力，按照经典中的说法：“原初物质行动正是为了展现自己。”原人能认知一切可认知者，但在它们展现之前，他见不到。而所见能造成一切结果，而在那时不被看到。

另一些人说不认知是这两者的特征。在这里，这种认知虽然是所见的本质，但有待于原人认知，因此，它成为所见的特征。同样，不认知虽然不是原人的本质，但有待于对所见的认知，因此，它呈现为原人的特征。

还有一些人说不认知就是认知或知识。

以上这些都是经典中的观点。这种观点的多重性形成关于一切原人和三性的共同话题。

无知是它的原因。(24)

内在意识[①]与自己的知觉结合，无知是它的原因。这意味虚妄知识的熏习。受虚妄知识的熏习，知觉不辨明原人，没有完成任务，便会带着责任返回。而它辨明原人，便

① 此处的“内在意识”指原人。参阅 1.29。

完成任务。它完成责任，不认知也就转开，束缚的原因不存在，便不再返回。

这里，有人引用无能丈夫的故事予以说明：有个愚蠢的妻子对无能丈夫说道："善男子啊，我的姐姐能生孩子，为什么我不能？"这个丈夫回答说："等我死了，我就会让你生孩子。"[①]同样，这种知识[②]出现时，它不能让心转开，怎么可能指望它在消失后，还会这样做？[③]

对此，有个正式的老师回答说："解脱不就是知觉转开吗？由于不认知的原因不存在，知觉转开。这种不认知是束缚的原因，因认知而转开。"

这里，唯有心的活动停止，才是解脱[④]。为何他的想法如此混乱，言不及义？[⑤]

由于它不存在，结合不存在，这种排除便是唯见的独存。(25)

痛苦应该排除，所谓的结合是应该排除的原因，这两

① 这个丈夫所说的意思是他无论活着或死去，都不能生育，而这里是强调他活着时不能生育，死后又怎么可能生育？

② 此处的"知识"(jñāna)指知觉的认知。

③ 这里是说有人引用无能丈夫这个笑话表示反对上述看法。

④ 这里是说只有知觉认知与原人的区别，不认知不存在，心的活动停止，回归原初物质，才是解脱。

⑤ 这里是说这个所谓的老师对反对者作出的回答不到位。

者及其理由已经说明。然后,应该说明排除:由于它不存在,结合不存在,这种排除便是唯见的独存。由于不认知不存在,知觉和原人的结合不存在,束缚永远停止。

这种排除便是唯见的独存。原人不再有混合性,不再与三性结合。

明辨不混乱是排除的方法。(26)

痛苦的原因消失,痛苦也就停止,这是排除。这时,原人得以依照自己的状态确立。那么,实现这种排除的方法是什么?明辨不混乱是排除的方法。认知本性[①]和原人的区别是明辨。而虚妄知识不消失,则混乱。一旦虚妄知识成为烧焦的种子,不再生长,那么,本性的烦恼尘垢涤除,处在最高的清澈状态,最高的控制意识状态[②],它的分辨认知之流也就纯洁无垢。这种明辨不混乱,是排除的方法。因此,虚假的知识成为烧焦的种子,不再生长,这是解脱之道,即排除的方法。

他的智慧的最终阶段有七重。(27)

他的智慧的最终阶段有七重。这里的"他"指产生明

① 此处"本性"指"知觉本性",参阅 1.47。

② 参阅 1.15。

辨的人。他获得的最终结论有七重，即七种。

这七种如下：他已经知道应该排除者[①]，也就不再有应该知道者；他已经灭除应该排除的原因[②]，已经不再有应该排除的原因；他已经依靠抑止的入定[③]亲证排除；呈现为明辨的排除方法得到发展[④]。这是四种摆脱任务的智慧。

摆脱心有三种：知觉完成责任[⑤]；三性如同一些石头从山顶坠落，失去支撑，返回自己的原因[⑥]，与心一起消失；它们一旦隐没，由于缺乏用处，也就不再产生。在这种状态，原人摆脱与三性的联系，成为仅仅是自身状态的发光体，无垢，独存。

原人感知这七重最终阶段的智慧，被称为"通晓者"。即使心已消失，他依然是解脱者，通晓者，因为他已经摆脱三性。

通过修习瑜伽支，灭除污垢，知识的光芒直达明辨。(28)

成就明辨，这是排除的方法。而没有手段，也就不会

① "应该排除者"指痛苦，参阅2.15。

② "应该排除的原因"指"见者和所见的结合"。参阅2.17。

③ "抑止的入定"(nirodhasamādhi)指抑止心活动的入定，也就是无智入定。参阅1.18。

④ 参阅2.26。

⑤ "完成责任"指完成感知和解脱的任务。参阅2.18。

⑥ "自己的原因"指原初物质。

成就。因此,需要这样做:通过修习瑜伽支,灭除污垢,知识的光芒直达明辨。下面就讲述瑜伽八支。

通过修习瑜伽八支,五种呈现为污垢的颠倒妄想[①]毁灭。一旦它们毁灭,正确的知识展现。这些手段得到实施,污垢也就随之减少。污垢日益减少,知识的光芒也就依照污垢毁灭的程度而增长。这种增长变得强烈,直达明辨,即认知三性和原人的原本状态。

修习瑜伽八支成为摆脱污垢的原因,犹如斧子是砍伐的原因。它们也是获得明辨的原因,犹如正法是获得快乐的原因。此外,别无原因。

这样的原因,经典中说有哪几种?回答是"有九种"。例如,产生,持续,展现,变化,确认,获得,摆脱,差异,维持,相传有这九种原因。

其中,心是知识产生的原因。

原人的目的是心持续的原因,犹如食物是身体持续的原因。

正如光是形态展现的原因,同样也是对形态的认识展现的原因。

不同的对象是心变化的原因,正如火是所煮食物变化

① "五种颠倒妄想"又称"无知",指无知、自我性、贪欲、憎恨和执著。参阅1.8和2.3。

的原因。

知道有烟是知道有火得以确认的原因。

修习瑜伽八支是获得明辨的原因。

这也是摆脱污垢的原因。

正如金匠是造成金子差异[①]的原因，同样，对同一个妇女的认知，无知造成愚痴，嗔怒造成痛苦，喜爱造成快乐，真知造成中立。

身体是维持那些感官的原因。那些感官也是维持身体的原因。五大元素是维持身体的原因。五大元素也是所有身体互相维持的原因。出于互相的利益，畜生、人和天神的身体互相维持。

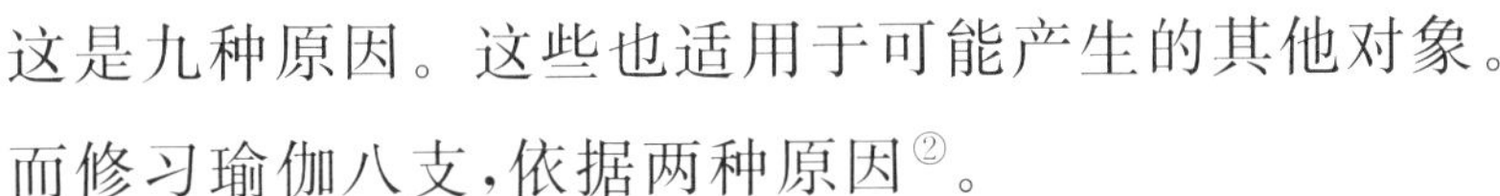

这是九种原因。这些也适用于可能产生的其他对象。

而修习瑜伽八支，依据两种原因[②]。

自制、遵行、坐姿、调息、制感、专注、沉思和入定是八支。(29)

这里，确定瑜伽八支：自制、遵行、坐姿、调息、制感、专注、沉思和入定是八支。我们将依次讲述修习这八支及其特征。

---

① “金子差异”指制成各种不同的金饰品。

② “两种原因”指获得和摆脱，即获得明辨，摆脱污垢。

其中，自制是不杀生、诚实、不偷盗、梵行和不执取。(30)

其中，自制[1]是不杀生、诚实、不偷盗、梵行和不执取。不杀生是无论什么情况，无论什么时候，都不伤害一切众生。其他的自制以及遵行都以它[2]为根基。它们的主要目的是实现它，说明它们也是为了说明它。它们得到实施是为了使它的形态更纯洁。同样，有这种说法："确实，这个婆罗门愿望实行多种誓言，这样，他远离放逸，以免造成杀生的原因，而使不杀生的形态更纯洁。"

诚实是语言和思想符合事实。语言和思想依据所见，依据推理，依据所闻。说话是为了将自己的觉知传达给别人，如果它没有欺骗性，不错乱，也非不可理解，那么，它有益于一切众生，而不对众生造成伤害。

如果即使这样，所说的话依然伤害众生，便不是诚实，而只是罪恶。貌似的善行，假冒的善行，会陷入痛苦的黑暗。因此，应该认真考察，说有益于一切众生的真话。

偷盗是违背律法，将别人的财物据为己有。不偷盗与此相反，而且也没有这种企图。

梵行是控制隐藏的感官生殖器。

不执取是看到种种感官对象具有获得、保护、毁坏、执

① "自制"的原词是 yama，词义为抑止、控制和自制等。

② 此处"它"指不杀生。

著和杀生这些弊端，便不占为己有。

以上这些是自制。

它们不分种姓、地点、时间和时机，普遍适用，则是大誓言。(31)

它们不分种姓[①]、地点、时间和时机，普遍适用，则是大誓言。其中，不杀生按照种姓划分，如渔夫[②]杀生限于杀害鱼，不杀害其他。按照地点划分，如"我在圣地不杀生"。按照时间划分，如"我不在半月的第十四日和圣洁的日子杀生"。同样，虽然摆脱了这三者，而按照时机划分，如"除非为了天神和婆罗门，我不杀生"。这也如同除非在战斗中，刹帝利不杀生。

这样，应该不分种姓、地点、时间和时机，在任何情况下都恪守不杀生等。一切地点，一切领域，在任何情况下，毫无例外，普遍适用，这被称为"大誓言"。

遵行是纯洁、知足、苦行、诵习和敬仰自在天。(32)

遵行[③]是纯洁、知足、苦行、诵习和敬仰自在天。其

① "种姓"指印度古代将社会成员划分为四种种姓：婆罗门、刹帝利、吠舍和首陀罗。

② "渔夫"属于低等的首陀罗种姓。

③ "遵行"的原词是 niyama 词义为抑止、约束、规则、奉行宗教戒律和实施苦行等。

中，泥土和水产生的纯洁[①]以及吃洁净的食物等的纯洁是外在的。涤除思想污垢的纯洁是内在的。

知足是不企图获取比已有用品更多的东西。

苦行是忍受成对的二者。成对的二者如饥和渴，热和冷，站和坐，木头沉默和姿态沉默[②]，合适地奉行种种誓言，实施艰难月行和艰难苦行等斋戒[③]。

诵习是学习解脱经论或念诵"唵"。

敬仰自在天是将一切行动奉献给这位至高导师。然后，

> 无论躺着、坐着或走在路上，
> 都自由自在，疑惑之网已破除，
> 看到生死轮回的种子已毁灭，
> 永远获得解脱，分享不死甘露[④]。

因此，有这样的说法："由此，获知内在意识，也无障碍。"[⑤]

---

① "泥土和水产生的纯洁"指用泥土和水擦洗身体。

② "木头沉默和姿态沉默"是两种沉默方式：前者是既不用语言，也不用姿态表达，后者是不用语言表达。

③ "艰难月行斋戒"是在黑半月中，第一天吃十五口食物，此后每天减少一口，直至黑半月结束，接着在白半月，第一天吃一口食物，此后每天增加一口，直至白半月结束。"艰难苦行斋戒"是斋戒一天，只吃牛奶、吉祥草、牛尿和牛粪等圣洁的食物。

④ "分享不死甘露"喻指获知永恒的自我。

⑤ 参阅 1.29。

受到恶念干扰时，修习对治。（33）

自制和遵行受到恶念干扰时，修习对治。一旦婆罗门产生杀生等恶念："我要杀死作恶者"，"我也要说假话"，"我要将这个人的财物据为己有"，"我要勾引他的妻子"，"我也要霸占他的财产"。这样，他受炽烈的恶念干扰，准备走邪路时，应该修习对治。他应该思考："我受可怕的生死轮回炭火烧烤，已经寻求瑜伽法庇护，赐予一切众生无畏"；"我已经抛弃种种恶念，而现在又接受它们，我的行为则与狗无异。正如狗舔食吐出的东西，我又捡回抛弃的东西。"如此等等，也适用于其他经文[①]。

杀生等恶念造成行动、引起行动和怂恿行动，伴随贪欲、嗔怒和愚痴，轻度、中度和重度，而后果是无尽的痛苦和无知，因此，应该修习对治。（34）

杀生等恶念造成行动、引起行动和怂恿行动，伴随贪欲、嗔怒和愚痴，轻度、中度和重度，而后果是无尽的痛苦和无知，因此，应该修习对治。其中，杀生有三种：造成杀生、引起杀生和怂恿杀生。每一种又有三种：伴随贪欲是贪求"肉和皮"，伴随嗔怒是认为"他得罪我"，伴随愚痴是认为"我合乎正法"。贪欲、嗔怒和愚痴又各有三种：轻度、

① "其他经文"指论述瑜伽八支的其他经文。

中度和重度。这样，杀生共有二十七种。

轻度、中度和重度又各三种：轻轻度、中轻度和重轻度。同样，轻中度、中中度和重中度。同样，轻重度、中重度和重重度。这样，杀生共有八十一种。

又依照规则、选择和综合[①]的分类，以及生物的种类无数，杀生有无数种。这些同样适用于说假话等。

确实，思考这些恶念的后果是无穷尽的痛苦和无知，这是修习对治。换言之，思考痛苦和无知是它们的无穷尽后果，这是修习对治。

同样，杀害者首先压倒受害者的勇力，然后用武器等打击他，给他制造痛苦，最后剥夺他的生命。然而，由于压倒受害者的勇力，他自己的有意识或无意识机能的勇力消耗减损。由于他给受害者制造痛苦，他自己在地狱、畜生和饿鬼这些恶道中遭受痛苦。由于他剥夺受害者的生命，他每时每刻消磨生命，即使想死去，但必须等待接受注定要成熟的苦果，只能苟延残喘地活着。而如果这种杀害夹杂有功德，那么，他也会获得快乐，但是短命。就可能性而言，这些也适用于说假话等。

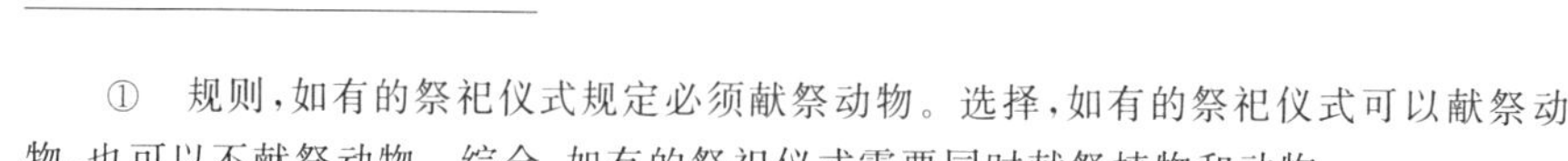

① 规则，如有的祭祀仪式规定必须献祭动物。选择，如有的祭祀仪式可以献祭动物，也可以不献祭动物。综合，如有的祭祀仪式需要同时献祭植物和动物。

这样，思考种种恶念带来这种恶果，心中就不应该产生这些恶念。应该通过修习对治排除这些恶念。一旦这些恶念不再产生，由此产生的力量成为瑜伽行者成功的标志。

不杀生得以确立，在他的身边，敌意消失。(35)

不杀生得以确立，在他的身边，一切众生的敌意消失。

诚实得以确立，业和果便有保障。(36)

诚实得以确立，业和果便有保障。“愿你成为遵行正法者。”他便成为遵行正法者。“愿你升入天国。”他便升入天国。他的话语不会落空。

不偷盗得以确立，一切珍宝便会来到身边。(37)

不偷盗得以确立，一切珍宝便会来到身边。四面八方的珍宝便会来到身边。

梵行得以确立，便会获得勇力。(38)

梵行得以确立，便会获得勇力。由于获得勇力，他的功德增长，无所障碍。他获得成功，能向可教化的弟子们传授知识。

不执取获得确立，觉知生之如何和为何。(39)

不执取[1]获得确立，便觉知生之如何和为何："我曾经是谁？""我曾经怎样？""这是什么？""这怎样？""我们将成为什么？""我们将会怎样？"这样，他渴望知道过去、未来和现在的自身状况[2]。

以上这些是自制得以确立而获得的成就。下面讲述遵行。

由于净化，厌恶自己的肢体，也不接触他人肢体。(40)

由于净化，厌恶自己的肢体，也不接触他人肢体。厌恶自己的肢体而进行净化，看到身体的弊端，不执著身体，成为苦行者。进而，不接触他人肢体。洞悉身体的本质，即使经过水等清洗，也看到身体不纯洁，想要抛弃自己的身体，他怎么还会接触他人始终不自制的身体？

本性纯洁、愉悦、专注、控制感官和适合观察自我。(41)

还有，本性[3]纯洁、愉悦、专注、控制感官和适合观察

① "不执取"指不贪著，没有占有欲。参阅2.30。
② 这里是说渴求知道自己生存的原因和状况，而寻求真正的自我。
③ 此处"本性"指知觉本性。

自我出现。这里“出现”一词是补足这句经文。由于净化，本性纯洁，进而愉悦，进而专注，进而控制感官，进而知觉本性适合观察自我。这由纯洁得以确立而获得。

依靠知足，获得无上快乐。（42）

依靠知足，获得无上快乐。有这样的说法：“无论是人间的欲乐，还是天国的极乐，都比不上摒弃贪欲的快乐的十六分之一。”[①]

通过苦行消除不纯洁，身体和感官获得成就。（43）

通过苦行消除不纯洁，身体和感官获得成就。唯有完成苦行，才能除尽不纯洁障碍的污垢。由于去除障碍的污垢，身体获得成就，变小等[②]。同样，感官获得成就，天耳通和他心通等[③]。

通过诵习，与愿望的天神交流。（44）

通过诵习，与愿望的天神交流。天神、仙人和悉陀[④]向乐于诵习者显现，参与他的工作。

① 这一说法也见于《摩诃婆罗多》中《和平篇》171.51和268.6。

② 参阅3.44。

③ 参阅3.35、37。

④ “悉陀”（siddha）指修行取得大成就的仙人或具有神通的半神。

通过敬仰自在天,入定获得成就。(45)

通过敬仰自在天,入定获得成就。将所有一切奉献自在天,入定获得成就。由此,他如实知道想要知道的其他地方、其他人或其他时间的一切。这样,他的智慧如实知道一切。

坐姿稳定和舒适。(46)

已经讲述自制和遵行的成就,现在讲述坐姿[①]等。其中,坐姿稳定和舒适。例如,莲花座、英雄座、跋德罗座、卍字座、棍杖座、支撑座、床架座[②]、麻鹬座、大象座和骆驼座,都能保持平衡,稳定舒适而自如,如此等等。

通过放松努力和达到无限。(47)

通过放松努力和达到无限。这是补足前面这句经文[③]。由于停止努力,坐姿达到完美,从而肢体不晃动。或者,心达到无限[④],坐姿也就完美。

---

① “坐姿”的原词是 āsana,词义为坐、座位和坐姿。这里指修禅的坐姿。

② “床架座”的原词是 paryaṅka,在古代汉译佛经中,通常译为“结跏趺坐”。

③ 这里这句经文和上一句合为“通过放松和达到无限,坐姿稳定和舒适”。

④ “心达到无限”可以理解为心无所障碍,遍及一切。

于是，不受成对的二者阻碍。(48)

于是，不受成对的二者阻碍。由于坐姿获得成功，也就不被冷和热等成对的二者压倒。

在这之后调息，断除吸气和呼气的运动。(49)

在这之后调息[①]，断除吸气和呼气的运动。在坐姿获得成功之后调息。吸气是吸入外面的气息。呼气是呼出体内的气息。调息是断除这两者，停止这两者[②]。

外部的、内部的和抑止的方式，依据地点、时间和数量观察，成为延长的和微妙的。(50)

外部的、内部的和抑止的方式，依据地点、时间和数量观察，成为延长的和微妙的。其中，外部的是呼气后停止运动；内部的是吸气后停止运动；第三种抑止[③]的方式是通过一次努力，同时停止这两者。如同水洒在灼热的石头上，完全收缩，同时停止这两者的行动。这三者依据地点观察。地点意谓“这是它的这样规模的领域”[④]。依据时间观察，意谓通过确定多少刹那时间予

① “调息”(prāṇāyama)指控制和调节呼吸。

② 这里的意思是指断除通常的吸气和呼气方式，而代之以瑜伽的调息。

③ 此处“抑止”的原词是 stambha，词义为固定、停止或搁置。

④ 这里的“地点”可以理解为吸气和呼气占有的空间范围。

以界定。依据数量观察，第一步，这么多的吸气和呼气；第二步，在控制之后，这么多的吸气和呼气；第三步，也是这样。这是轻柔的，这是中等的，这是强烈的。这样，依据数量观察，通过修习，它成为延长的和微妙的①。

第四种超越外部的和内部的领域。(51)

第四种超越外部的和内部的领域。依据地点、时间和数量观察，超越外部的领域。同样，依据观察，超越内部的领域。这两者成为延长的和微妙的。然后，逐步克服阶段性，停止这两者的运动。这是第四种调息②。

第三种是不考虑领域，一次性停止运动，依据地点、时间和数量观察，成为延长的和微妙的。第四种则是通过确定吸气和呼气的领域，逐步克服阶段性，超越这两者，然后停止运动③。这是第四种调息的特点。

然后，光明的遮蔽得以消除。(52)

然后，光明的遮蔽得以消除。瑜伽行者修习调息，遮

① “延长的和微妙的”指吸气和呼气变得平稳绵长，乃至不被察觉。

② 前三种是上一句经文中提到的外部的、内部的和抑止的三种调息。

③ 这里可以理解为已经“克服阶段性”，不再意识到一次一次的阶段性，变得自然而然。

蔽分辨力的业得以消除。正如这样的说法:“这种业用充满大愚痴的感官罗网遮蔽原本光明的本性,导致做不应该做的事。”他的这种业遮蔽光明,形成生死轮回的束缚。而通过修习调息,这种业变弱,每时每刻在消失。同样,有这种说法:“没有比调息更高的苦行,由此污垢消除,知识光芒闪耀。”

心适合专注。(53)

还有,心适合专注,确实要依靠修习调息。或者,按照这种说法:“通过呼气和控制呼吸。”[①]

制感是控制感官,不与它们各自的对象结合,仿佛依随心的性质。(54)

然后,什么是制感[②]?控制感官,不与它们各自的对象结合,仿佛依随心的性质。

一旦不与它们各自的对象结合,仿佛依随心的性质。一旦心得到抑止,像心一样,感官得到抑止。他们也就不需要采取像制伏其他感官那样的其他方法。正如蜜蜂随

---

① 参阅 1.34。这里是说通过调息,心达到安定,适合专注。关于专注的具体内涵,参阅 3.1。

② “制感”的原词是(pratyāhāra),词义是收回或撤回。这里的意思是感官得到控制,从感官对象撤回。

着蜂王飞动而飞动，随着蜂王停留而停留，感官也随着心抑止而抑止。这是制感。

然后，达到对感官的最高控制。(55)

然后，达到对感官的最高控制。一些人说不沉溺于声等[①]是制伏感官。沉溺是执著，使人远离至福。

另一些人说不受阻碍地达到[②]是合理的。或者说可以按照自己的意愿与声等结合。

还有一些人说一旦摆脱爱憎，认知声等无苦无乐，这是制伏感官。

而遮吉舍毗耶说唯有达到心的专注，才能不接触。因此，这种最高控制是一旦心得到抑止，感官也得到抑止，他们也就不需要作出努力，采取像制伏其他感官那样的其他方法。

以上是钵颠阇利依据数论的《瑜伽论》中名为《方法》的第二章。

① “声等”指声、色、香、味和触五种感官对象。

② 此处“达到”指与声等接触。

第　三　章

专注是心固定一处。(1)

以上讲述了入定方法的五种外支。现在讲述专注[①]。专注是心固定一处。专注是心唯独固定在诸如脐轮、心莲花、头顶光、鼻尖和舌尖等处或其他外界对象。

沉思是专心认知。(2)

沉思[②]是专心认知。沉思是固定一处,专心认知所沉思的对象,如同水流持续不断,不受其他认知干扰。

入定是沉思唯独闪耀对象的光芒,仿佛失去自己的形态。(3)

入定是沉思唯独闪耀对象的光芒,仿佛失去自己的形态。一旦进入沉思对象的本质,沉思闪耀沉思对象形态的

① “专注”的原词是 dhāraṇā,词义是把握或执持,也指思想集中,专心致志。

② “沉思”的原词是 dhyāna(音译“禅”),词义是沉思默想,古代汉译佛经也译“静虑”。

光芒，仿佛失去自己的认知形态，这称为入定。

这三支合为总御。(4)

这三支合为总御[1]。专注、沉思和入定，这三者合为总御。这三种方法用于同一领域，称为总御。总御是指称这三支的术语。

掌握了总御，智慧的光芒闪现。(5)

掌握了总御，智慧的光芒闪现。掌握了总御，入定智慧的光芒闪现。总御越稳固，入定智慧越清晰。

按照阶段实行总御。(6)

按照阶段实行总御。实行总御是掌握前一阶段后，接着掌握下一阶段。如果不掌握低级阶段，跳过中间阶段，不可能达到最高的总御。这样，缺少了总御，智慧的光芒怎么会闪现？

有人通过敬仰自在天，掌握总御的更高阶段，而不实行诸如他心通等低级阶段。为什么？因为他运用其他手段达到这个目的。

---

① “总御”的原词是 saṃyama，构词方式是前缀 saṃ（“一起”）加上词干 yama（“控制”），即一起控制。

正是瑜伽这位老师[①]指出从这个阶段进入下一个阶段。为什么？因为有这样的说法：

依靠瑜伽理解瑜伽，
依靠瑜伽展现瑜伽，
依靠瑜伽而不放逸，
他会持久热爱瑜伽。

这三支是内支，不同于前五支。(7)

这三支是内支，不同于前五支。专注、沉思和入定，这三支是有智入定的内支，不同于自制等前五支，即前五种方法。

而这三支也是无种子的外支。(8)

而这三支也是无种子的外支。这三种内支也是无种子瑜伽[②]的外支。为什么？因为它的存在[③]依据这三者不存在。

随同心的抑止的刹那，活跃的潜印象和抑止的潜印象分别抑止和显现，这是抑止的变化。(9)

在心的抑止的刹那中，三性变化不定，这时心的变化

① “瑜伽这位老师”指瑜伽实践本身。
② “无种子瑜伽”指无种子入定，即无智入定。参阅 1.2 和 51。
③ “它的存在”指无种子入定的出现。

如何？随同心的抑止的刹那，活跃的潜印象和抑止的潜印象分别抑止和显现，这是抑止的变化。

活跃的潜印象是心的性质。它们不具有认知性，不能依靠抑止认知而抑止。抑止的潜印象也是心的性质。这两者的抑止和显现是活跃的潜印象这种心的性质减少，而抑止的潜印象显现。

“随同心的抑止的刹那”意谓同一种心在每一刹那都在改变潜印象，这是抑止的变化。那时，心只剩下潜印象。这已在抑止的入定中说明[①]。

它的寂静之流源自潜印象。(10)

它的寂静之流源自潜印象。心的寂静之流源自潜印象，依靠不断修习而熟练把握抑止的潜印象。如果这种潜印象迟钝乏力，活跃性质的潜印象就会压倒抑止性质的潜印象。

心入定的变化是分散和专一分别衰落和兴起。(11)

心入定的变化是分散和专一分别衰落和兴起。分散是心的性质。专一也是心的性质。分散的衰落意谓分散的消失。专一的兴起意谓专一的显现。心伴随这两种性

① 参阅1.18。

质。同一种心伴随这两种成为自己性质的消失和显现而入定。这是心入定的变化。

进而,心的专一的变化是止息的和出现的认知相似。(12)

进而,心的专一的变化是止息的和出现的认知相似。心入定后,前者的认知止息,与它相似的后者出现[①]。心入定后,伴随这两者,始终这样,直到入定结束。这是有性质的心的专一的变化。

由此,在元素和感官中的性质、特征和状况的变化已经得到说明。(13)

由此,在元素和感官中的性质、特征和状况的变化已经得到说明。前面已讲述呈现为元素和感官[②]中性质、特征和状况的心的变化[③]。因此,可以说已讲述性质的变化、特征的变化和状况的变化。

其中,活跃的性质和抑止的性质分别抑止和显现,是有性质者的性质的变化和特征的变化。

① 这里是说心入定后,无论止息前的认知,还是止息后出现的认知,都是专注如一的。

② “元素和感官”指五大元素和十一种感官。参阅 2.19。

③ 参阅 3.9。

抑止具有三种特征，与三种时态[①]相关。它舍弃未显现特征的第一种时态，不超越性质，获得现在的特征。在这里，显现自己的性质，是它的第二种时态。它并不摆脱过去的和未显现的特征。

同样，活跃具有三种特征，与三种时态相关。它舍弃现在的特征，不超越性质，获得过去的特征。这是它的第三种时态。它并不摆脱未显现的和现在的特征。

同样，活跃又舍弃未显现的特征，不超越性质，获得现在的特征。在这里，它发挥作用，显现自己的性质，是它的第二种时态。它并不摆脱过去的和未显现的特征。

依照这种情形，抑止又这样，活跃又这样。[②]

同样是状况[③]的变化。在抑止的刹那中，抑止的潜印象变得有力，活跃的潜印象变得乏力。这是性质的状况变化。

其中，有性质者依据性质变化，依据性质的三种时态的特征变化，也依据特征的状况变化。这样，缺了性质、特征和状况的变化，三性活动一刹那也不能持久。三性的活动变化不定。因为三性是活动的原因，这被说成是三性的

---

① “时态”的原词是 adhvan，词义是道路、距离、时间或时态。这里是指三种时态：第一种时态是未显现，第二种时态是现在，第三种时态是过去。

② 以上是说性质有未显现、现在和过去三种时态变化的特征。

③ 此处的“状况”(avasthā)一词据下面的描述是指强弱程度，即性质的强弱状况的变化。

本性。

由此，应该知道依照性质和有性质者的区别，在元素和感官中的这三种变化。而说到底，只有一种变化。因为性质仅仅是有性质者的自身形态，是有性质者的变化。而仅仅是这种变化通过性质得到说明。在这里，只是有性质者的性质的状态在过去、未显现和现在这三种时态中的变异，而不是物质的变异。如同粉碎金盆，制成别的金器，这只是状态的变异，而不是金子的变异。

另有人说："有性质者并不比性质多出什么，因为它不超越性质的真实。如果它是有依随者①，那么，应该依据独立不变性，随着前后状况的不同而变化。"②

这并非缺陷。为什么？因为不变性不存在。三界显现又消失，永恒性受到否定。而即使消失，仍然存在，断灭性受到否定。它的微妙性来自结合性，由于这种微妙性而不可感知。③

特征的变化是存在于三种时态中的性质。过去的性质与过去的特征相联系，而并不摆脱未显现的和现在的特征。同样，现在的性质与现在的特征相联系，而并

① "有依随者"(anvayin)指有依随的性质，即有性质者。

② 这是一种反对意见。针对上面强调性质和有性质者的区别，这里将这两者的结合说成是始终不变的结合物或同一体，只是随着先后的状况不同而变化。

③ 按照数论，原初物质处在未显状态，通过三性的变化，演化出各种事物。这些事物毁灭后，又返回原初物质。而原初物质处于未显状态，是微妙的，不可感知的。

不摆脱过去的和未显现的特征。同样，未显现的性质与未显现的特征相联系，而并不摆脱现在的和过去的特征。如同一个人喜爱一个女人，并不由此不喜爱其他女人。

其他人提出责难："在特征的变化中，由于所有的性质与所有的特征相联系，它们的时态便会混乱。"

对此的回答是：性质的性质性不能得到证实。如果存在性质性，特征的区别也应该涉及。它的性质性并不仅仅出现在现在[①]。如果这样，由于在愤怒时，贪爱不出现，那么，心就没有贪爱的性质[②]。还有，三种特征不会在同时在一处出现。能显示者的显示只能依次出现。对此也这样说："形态和活动强烈者互相对立冲突。而普通者和强烈者共同相处。因此，不会混乱。"如同贪爱出现在某处，并非这时在别处不存在，而只是在别处的状态变得普通。[③]

特征也是同样。有性质者没有三种时态。而性质有三种时态，或显现，或不显现。其中，显现的具有种种状况。它们由不同的状况，而不是由不同的物质展现变异。

---

① 这里的意思是说性质不存在普遍性或固定性，故而性质是指具体的性质，并与具体的时间相联系。

② 这是说心仍有贪爱的性质，只是在愤怒时不出现，或者说，变得不明显。

③ 以上是说具体的性质与具体的时间和状况结合，不会出现混乱。

正如数字一在一百处成为一百，在十处成为十，在一处成为一。又如即使是同一个女子，可以称为母亲、女儿和姐妹。

有些人说："依据状况的变化，会导致存在永恒性的缺陷。"怎么样？因为受到时态作用的阻隔。性质不发挥作用时，它成为未显现的；发挥作用时，成为现在的；停止时，成为过去的。这样，出现性质和有性质者以及特征和状况的永恒性[1]。这是其他一些人所说的缺陷。

这不是缺陷。为什么？因为即使在有三性者[2]的永恒性中，也有三性活动作用的多样性。如同聚合物仅仅是不毁灭者[3]的声等性质有开始和有毁灭。同样，状况仅仅是不毁灭者的善性等性质有开始和有毁灭。由此，称为变化。这是这方面的例举：泥土作为有性质者，它依据泥团形状的性质而获得不同的性质，依据性质变成罐的形状。罐的形状舍弃未显现的特征，获得现在的特征。这样，依据特征变化。罐每一刹那感受到新和旧，获得状况的变化。有性质者的另一种性质也是状况的变化，性质的另一种特征也是状况的变化。因此，同一个物质的变化仅仅由

① 这里的意思是说性质也是永恒的独立存在，只是由于时间的作用，才出现未显现、现在和过去。

② "有三性者"指原初物质。

③ "不毁灭者"指原初物质。

这些类别展现。

这也适用于其他对象。这些性质、特征和状况的变化不超越有性质者的自身形态。这是涵盖所有这些特殊[1]的唯一变化。

这种变化是什么？那是稳定的物质的前一种性质停止和另一种性质产生的变化。

有性质者跟随平息的、出现的和不可名状的性质。(14)

其中，有性质者跟随平息的、出现的和不可名状的性质。性质是有性质者的各种适应能力。它的存在可以凭借产生的结果推断，看到这种属于这种，另一种属于另一种。其中，现在的性质感受到自己的作用，不同于其他的性质，即平息的和不可名状的性质。而一旦具有共同性，仅仅成为有性质者的自身形态，那么，它是什么？依靠什么区别？确实，有性质者的性质有平息的、出现的和不可名状的。

其中，平息的是那些完成作用后平息者。出现的是那些正在发挥作用者，它们紧接未显现的特征。而那些紧接

① 此处“特殊”指元素和感官。参阅 2.19。

现在的是过去的。为什么现在的不紧接过去的？因为缺少前后性[1]。过去的和现在的之间不像未显现的和现在的之间那样有先后性。因此，过去的没有紧接者。因此，唯有未显现的和现在的紧接。

什么是不可名状者？一切具有一切性质。对此，有这样的说法："液汁等的各种形态是水和地变化的产物，见于植物中。同样，植物的情形也见于动物中，动物的情形也见于植物中。这样，不分类别，一切具有一切性质。由于地点、时间、形态和原因的结合方式，确实，它们并不同时显现自己。"

有性质者作为有依随者，具有共同性和特殊性，跟随那些显现的和未显现的性质。

然而，有人认为这只是性质，而没有依随者。这样的人缺乏感受。为什么？一种认知怎么能成为另一种认知造成的行动的感受者？这种记忆也不存在，因为不会产生他人所见事物产生的记忆。有性质者[2]始终作为有依随者存在，在认知事物时，被认为跟随性质的变异性。因此，这并非只是性质，而没有依随者。

---

① 按照3.13中对三种时态的描述，它们的次序第一是未显现，第二是现在，第三是过去。因而，现在紧接未显现，过去紧接现在。

② 此处"有性质者"指心或心的知觉。

次序的差异是变化的差异的原因。(15)

次序的差异是变化的差异的原因。依据一种有性质者有一种变化,次序的差异成为变化的差异的原因。例如这种次序:泥土颗粒、泥团、陶罐和陶罐碎片。

一种性质紧接一种性质,这是性质的次序。泥团消失,陶罐产生,这是性质变化的次序。

特征变化的次序是陶罐现在的形态出自未显现的形态①。这是次序。同样,泥团过去的形态出自现在的形态②。这是次序。而没有过去的次序。为什么?有先后性,才有紧接性。而过去的没有这种先后性。因此,只有这两种次序③。

同样,也有状况的次序,可以看到一个新罐紧接着新变旧。这种变旧随着连续不断的刹那,按照次序显现,直至达到最高显现。这是有别于性质和特征的第三种变化。

这些次序依据性质和有性质者的区分获得自身形态。一种性质如果与另一种性质有关系,也成为有性质者。而实际上,这种有性质者的作用与性质没有区别,由此它依然被称为性质,那么,这种次序依然这样显现。

心有两类性质:可见的和不可见的。其中,可见的是

---

① 此处"未显现的形态"指泥团的形态。

② 此处"现在的形态"指陶罐的形态。

③ 参阅 3.14 中的相关论述。

那些可认知的[①]。不可见的是那些唯独属于事物的，共有七种，通过推理证明它们仅仅存在于事物中。抑止、性质、潜印象、变化、生命、活动和能力[②]，这些是心的不可见的性质。

为了实现已经具备一切方法的瑜伽行者愿望的目的，下面讲述总御。

通过总御这三种变化，获知过去和未来。(16)

通过总御这三种变化[③]，获知过去和未来。通过总御这三种变化，瑜伽行者获知过去和未来。已经说过，专注、沉思和入定三者合为总御。因此，亲证这三种变化，从中获知过去和未来。

词音、词义和认知互相关联而混合，通过总御它们的区别，获知一切众生的声音。(17)

词音、词义和认知互相关联[④]而混合，通过总御它们

① “可认知的”指可以直接感知的。

② 心的这七种性质不能直接感知，但能推断。例如，心的抑止凭心的安定推断。性质指善业恶业，凭快乐和痛苦推断。潜印象凭记忆推断。变化凭三性的变化推断。生命凭呼吸推断。活动凭感官活动推断。能力凭效果的显现推断。

③ “这三种变化”指上述性质、特征和状况的变化。

④ “关联”的原词是 adhyāsa，词义为安置、附加或虚假的归属。

的区别，获知一切众生的声音。这里，言说依据音素[①]起作用，闻听完全属于发音变化的领域。而词是发音结束时，由知觉把握。音素并不同时出现，没有主动互相支持的性质。它们自身并不触及词，也不确立词，只是出现和消失。因此，单个的音素并非词本身。

然而，这些单个的音素又构成词，具有命名一切的充足能力。通过这个音素与另一个能协作的音素联系，仿佛获得遍及一切[②]的性质。按照特殊的安排，前面的和后面的，后面的和前面的，这样，许多音素由次序限定，依据习惯形成的意义而有区别。

这些音素具有命名一切的能力，如 g、au 和ḥ展现具有垂肉等的对象（“牛”）[③]。这些音素按照次序连续发音，依据习惯形成的意义而有区别。这样的词唯独是知觉的展现，按照习惯成为所表示者（“所指”）的能表示者（“能指”）。一个词是一种知觉领域，作出一次努力。它不是部分，不是次序，不是音素，而只是知觉，由认知最后一个音素的作用而确立。为了向别人表达，只有通过音素，词得以命名、说出和听取。听者依靠充满无始以来语言习惯熏

① “音素”的原词是 varṇa，词义为字母、音素或音节。梵语一般由元音和辅音即两个音素构成一个音节。一个音节可以成为一个词，但多数由两个乃至两个以上音节构成一个词。

② “遍及一切”指音素和音素的结合，能构成任何词，指称任何事物。

③ “牛”（gauḥ）这个词由 g、au 和ḥ三个音素组成。

染的世俗知觉认知，如同已经获得证明，达成共识。依靠知觉得知词有习惯形成的区别。这样多的音素，这样的次序，这样的发音结束，表示这样的意义。

而习惯呈现为词音和词义两者的关联，具有记忆性质。“这个词音是这个词义，这个词义是这个词音，”习惯这样呈现词音和词义的关联。这样，词音、词义和认知互相关联而混合。例如，作为词音的gauḥ（“牛”），作为认知的gauḥ（“牛”），作为词义的gauḥ（“牛”）。知道它们的区别，这样的人知道一切。

句子的功能也依据一切词。一说出“树”，便会理解它“存在”，因为词表达的对象不会脱离“存在”。同样，行动不可能没有手段。这样，一说出“煮”，就会期待然后提到的确定一切关系（“格”）的必要对象：作业者（“体格”）、手段（“具格”）和对象（“业格”）：吉多罗、火和稻米[①]。

在句义中也看到词的安排。“吠陀学生诵习颂诗，生活，维持生命。”在这个句子中，词音和词义得到展现。因此，应该对词作出区别，加以分析，或表示行动，或表示关系（“格”）。否则，诸如bhavati、aśvaḥ和ajāpayaḥ等这样一

① 这三个词表示动词“煮”的作业者、手段和对象，即吉罗多（体格）用火（具格）煮稻米（业格）。

些词[1],由于动词和名词形态相似,而不能识别,怎么可能作出动词和关系(“格”)的分析?

这是词音、词义和认知的区分。例如,śvetate prāsādaḥ(“宫殿发白”),意味行动。śvetaḥ prāsādaḥ(“白色的宫殿”)意味关系(“格”)。

词音的本质是行动和关系(“格”),词尾[2]传达词的意义。为什么?“这是他”,由于这种关系,习惯形成同一形态的关系(“格”)[3]。而白色的词义成为词音和认知的依随者。它凭借自己的状况变化,而不依随词音,也不依随知觉。

这样的词音,这样的认知,互不依随。不同的词义,不同的词音,不同的认知,这是它们的区别[4]。这样,瑜伽行者总御它们的区别,获知一切众生的声音。

通过亲证潜印象获知前生。(18)

通过亲证潜印象获知前生。有两类潜印象。一类表现为熏习,成为记忆和烦恼的原因;另一类表现为善业和

---

① 这三个词既可读作名词,分别是“贵妇”、“马”和“羊奶”,也可读作动词形式,分别是“存在”、“到达”和“战胜”(或“杀死”)。

② “词尾”指词尾变化。在梵语中,行动和关系体现在词尾变化上。

③ 这里,“这”和“他”两个词的词尾变化都表示体格。

④ 这里是说词音、词义和认知本身是独立的,它们之间的联系是由习惯形成的,即约定俗成的。

恶业，成为果报的原因。这些是前生形成的潜印象。它们是不可见的心的性质，如变化、活动、抑止、能力、生命和性质。[①] 总御它们，能亲证潜印象。而缺乏地点、时间和原因的体验[②]，便不能亲证它们。

正是这样，瑜伽行者通过亲证潜印象，获知前生。即使对于他人，也是同样，通过亲证潜印象，而获知他人前生。这里，听说有这个故事：尊者遮吉舍毗耶通过亲证潜印象，见到十大创造期[③]中前生的变化次序，显现分辨智。

尊者阿伐提耶具有完美的身体，对他说：“你已经经历十大创造期，而知觉本性没有被压倒，目睹地狱和畜生道中的痛苦，又一再出生在天神和人中，你获得多少快乐和痛苦？”

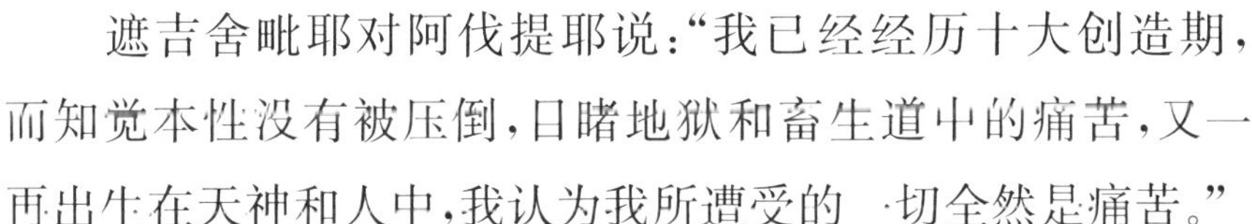

遮吉舍毗耶对阿伐提耶说：“我已经经历十大创造期，而知觉本性没有被压倒，目睹地狱和畜生道中的痛苦，又一再出生在天神和人中，我认为我所遭受的一切全然是痛苦。”

尊者阿伐提耶说：“尊者你控制原初物质[④]，获得至高的满意快乐，你也将这归入痛苦中？”

---

① 参阅 3.15。

② “体验”(anubhava)指过去的经验。

③ “创造期”(sarga)指宇宙由创造至毁灭的一个周期。

④ “控制原初物质”指具有控制原初物质活动的能力，能为他人创造完美的身体，也能为自己创造随意行走天国、空中和地上的身体。

尊者遮吉舍毗耶说："只是与追求感官对象相比，这是至高的满意快乐。而与独存相比，这全然是痛苦。知觉本性的性质具有三性。凡具有三性的观念都归入应该避免的痛苦中。有这样的说法：'贪欲的锁链呈现痛苦，唯有排除贪欲引起的痛苦折磨，才会有平静而无碍的顺应一切的快乐。'"

通过亲证观念，获知他心。(19)

通过亲证观念，获知他心。通过总御观念，亲证观念，获得他心。但不是观念依附的对象，因为这不是他的领域。他知道贪欲的观念，而不知道贪欲依附的那个对象。他人心中的观念依附的对象，不成为瑜伽行者心中的对象；只有他人的观念成为瑜伽行者心中的对象。

通过总御身体形态，抑止它的接受能力，不接触眼光，也就隐而不见。(20)

通过总御身体形态，抑止它的接受能力，不接触眼光，也就隐而不见。通过总御身体形态，抑止身体形态的接受能力。一旦抑止接受能力，不接触眼光，瑜伽行者也就隐而不见。应该理解这里是说声等隐而不见①。

① 这里是说身体形态作为感官对象色、声、香、味和触，不与别人的感官眼、耳、鼻、舌和身接触，也就隐而不见。

业果或迅速，或缓慢，通过总御它们，获知死亡，或通过征兆。(21)

业果或迅速，或缓慢，通过总御它们，获知死亡，或通过征兆。业的寿命果报有两类：迅速的和缓慢的。其中，犹如将湿布展开，便会在较短时间中变干，这是迅速的。而将湿布拧成一团，变干要用很长时间，这是缓慢的。又如在干柴中点燃火焰，受到四面八方风吹，便会在较短时间中焚烧完毕，这是迅速的。而火燃烧依次投放部分的草堆，便要用很长时间焚烧完毕，这是缓慢的。

因此，一生中形成寿命的业果有两类：迅速的和缓慢的。通过总御它们，获知死亡，即命终。

或者通过征兆。征兆有三类：自身的、其他生物的和天神的。其中，自身的，如堵住耳朵，听不到自己身体中的声音，或闭住眼睛，看不见眼睛中的光。同样，其他生物的，如看见阎摩的差役，或看见故世的祖宗们突然来到。同样，天神的，如突然看到天国或悉陀们，或看到一切颠倒错乱，由此知道死亡临近。

通过总御友爱等，获得力量。(22)

通过总御友爱等，获得力量。友爱、悲悯和喜悦是三种情感。其中，对快乐的生物充满友爱，便获得友爱的力量。对痛苦者充满悲悯，便获得悲悯的力量。对品行纯洁者充满喜悦，便获得喜悦的力量。依据这些情感入定，即总御。由此，产生不可抵御的威力。而漠视品行邪恶者，则没有情感。由此，不能依据它入定。这样，缺乏总御，也就没有依据漠视产生的力量。

通过总御力量，获得大象等的力量。（23）

通过总御力量，获得大象等的力量。通过总御大象的力量，获得大象的力量。通过总御金翅鸟的力量，获得金翅鸟的力量。通过总御风的力量，获得风的力量。如此等等。

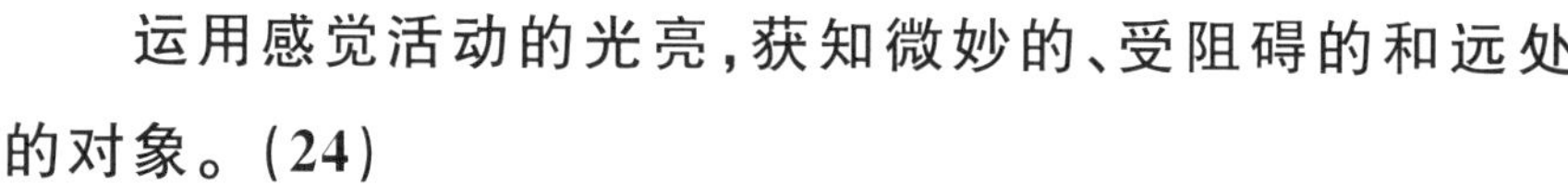

运用感觉活动的光亮，获知微妙的、受阻碍的和远处的对象。（24）

运用感觉活动的光亮，获知微妙的、受阻碍的和远处的对象。已经说过充满光亮的感觉活动[①]。瑜伽行者将由此产生的光亮，投射到微妙的、受阻碍的和远处的对象上，获知这个对象。

通过总御太阳，获知宇宙。（25）

通过总御太阳，获知宇宙。宇宙包含七重世界。其

① 参阅 1.36。

中，从阿鼻地狱至弥卢山顶，是大地世界（“地界”）。从弥卢山顶至北极星以及各种行星、星宿和星星，是空中世界（“空界”）。接着说天国世界（“天界”），分为五重。第三重[1]是大因陀罗的世界。第四重是生主的光世界。梵天的世界分为三重，即出生世界、苦行世界和真谛世界。

在梵天的三重世界下面，
生主大世界，大因陀罗的
世界，这些合称为天国，
星星在空中，众生在地上。

这是一首总结的偈颂。

其中，在阿鼻地狱上面，依次有六重大地狱，分别以地、水、火、风、空和黑暗为基础。它们是大时、煎锅、吼叫、大吼叫、时绳和漆黑。众生在那里按照自己的业果遭受痛苦，度过长时间的悲惨寿命后出生。

接着是七重地下世界[2]：摩诃多罗、罗沙多罗、阿多罗、苏多罗、维多罗、多罗多罗和波多罗。

第八是大地[3]，称为婆薮摩提，有七大洲。它的中央是众山之王弥卢金山，有银子、琉璃、玻璃、金子和摩尼珠

---

① “第三重”是以大地世界为第一重，空中世界为第二重。

② “七重地下世界”在七重地狱之上。

③ “大地”在地下世界之上，属于“大地世界”中的地上世界。

的山峰。其中，南方的天空染有琉璃的光芒，深蓝似蓝莲花，东方的天空白色，西方的天空清澈明亮，北方的天空黄色。

在南方，有瞻部树，故而这里称为瞻部洲。白天和夜晚仿佛紧紧跟随太阳运转。它的北面有三座山，山峰呈现蓝色和白色，宽两千由旬[①]。在它们中间有三个地区，每个九千由旬，称为罗摩那迦、希伦摩耶和北俱卢。它的南面有三座山：尼奢陀、金顶山和雪峰山，宽两千由旬。在它们中间，有三个地区，每个九千由旬。它们是诃利婆尔舍、紧补卢沙和婆罗多。西面围绕有跋陀罗希婆山和摩利耶凡山。东面围绕有盖多摩罗山和香醉山，中间有伊罗婆利多地区。

这个瞻部洲宽十万由旬，在弥卢山的每边延伸五万由旬。瞻部洲确实宽十万由旬，咸海以两倍的宽度如同项链围绕它。

然后是沙迦洲、拘舍洲、麻鹬洲、木棉洲、牛祭洲和莲花洲，依次为前者两倍的宽度。这样，共有七大洲和七大洋。它们装饰有各种山，看似一堆芥末。它们分别围绕有七大洋，海水分别为甘蔗汁味、酒味、酥油味、乳酪味、奶油

① “由旬”(yojana)是长度单位，一由旬约十四五公里。

味和牛奶味[1]，如同装饰有项链。它们还围绕有洛迦阿洛迦山。它们总计宽五亿由旬。

这一切安排在宇宙卵的中央。这个卵是原初物质的微粒，如同空中的萤火虫。

在这里的地下世界、海中和山上，住着各类天神以及阿修罗、健达缚、紧那罗、紧补卢娑、药叉、罗刹、鬼怪、饿鬼、毕舍遮、阿跋斯摩罗、天女、梵罗刹、古希曼陀和维那耶迦。

在所有七大洲中，住着心灵纯洁的天神和凡人。弥卢山是众天神的花园地区。那里有杂林园、欢喜园、奇车园和妙意园。有众天神集会的妙法堂，有妙见城，有殊胜殿。

行星、星宿和星星与北极星相连。可以看到它们的活动由风力控制。它们依次在弥卢山上空运转。

大因陀罗的世界住着六类天神：三十三天、火祭天、夜摩天、兜率天、非化自在天和化自在天。他们全都实现愿望，具有变小等自在力。他们的寿命长达一劫[2]，形貌美观，享受爱欲，身体来自化生，接受无比柔顺的天女陪伴侍奉。

---

① 前面已经提到瞻部洲围绕有咸海，故而海水是盐味。

② “劫”(kalpa)是时间单位，一劫指世界由产生至毁灭的一个周期。

生主的大世界中，住着五类天神：古摩陀、利普、钵罗多尔陀那、安遮那跋和钵罗吉多跋。他们控制五大元素。他们以禅定为食，寿命长达一千劫。

梵天的第一重出生世界中，住着四类天神：梵祭司、梵众天、梵大众天和阿摩罗。它们控制元素和感官，寿命依次两倍于前者。

梵天的第二重苦行世界中，住着三类天神：光音天、大光音天和真谛大光音天。他们控制元素、感官和原初物质，寿命依次两倍于前者，全都以禅定为食，坚持禁欲。他们不受阻碍地获知上方世界，也不受遮蔽地获知下方世界。

梵天的第三重真谛世界中，住着四类天神：不落天、净居天、真谛光天和想非想天。他们不生活在造作的存在中，而自我确立。每一类依次位于上方。他们控制原初物质，寿命长达一个创造期。其中，不落天乐在有思考禅定，净居天乐有观察禅定，真谛光天乐在唯欢喜禅定，想非想天乐在唯自我意识禅定。他们也住在三界中。

这些是包括梵天世界在内的七重世界。而无身和化入原初物质处于解脱境界[①]，故而不归入这些世界中。

瑜伽行者应该亲证这些。通过总御太阳，继而总御其

① 1.19 中提到摆脱肉体的天神和化入原初物质者“仿佛体验到独存的境界”。

他。就这样实践，直至看见所有这些。

通过总御月亮，获知星星的排列。(26)

通过总御月亮，获知星星的排列。总御月亮，会知道星星的排列。

通过总御北极星，获知它们的行程。(27)

通过总御北极星，获知它们的行程。总御北极星，会知道星星的行程。总御天国花车，会知道它们[1]。

通过总御脐轮，获知身体的结构。(28)

通过总御脐轮，获知身体的结构。总御脐轮，会知道身体的结构。风、胆汁和黏液是三病[2]。七界[3]是皮肤、血、肉、筋、骨、骨髓和精子。它们这样依次由外向内排列。

通过总御喉咙穴，抑止饥渴。(29)

通过总御喉咙穴，抑止饥渴。舌头下面是结，结下面是喉咙，喉咙下面是穴。总御这些，不会受饥渴折磨。

---

① “它们”指各种天国飞车。

② “三病”指三种病因，即体内的风、胆汁和黏液失常。

③ “七界”指身体的七种元素或成分。

通过总御龟脉，获得稳定。(30)

通过总御龟脉，获得稳定。在穴的下面，胸腔中，有一条龟状脉管。总御这条脉管，获得稳定，如同蛇和大蜥蜴。

通过总御头中的光，获得悉陀的眼力。(31)

通过总御头中的光，获得悉陀的眼力。头颅里面的空隙有闪耀的光。总御这种光，获得在天地之间漫游的悉陀们的眼力。

或者，通过想象力，获知一切。(32)

或者，通过想象力[①]，获知一切。这是名为想象力的救主。它是分辨智的前驱状态。犹如太阳升起前的曙光。瑜伽行者在这种想象智力出现时，通过它，获知一切。

通过总御心脏，获知心的意识。(33)

通过总御心脏，获知心的意识。心的意识生活在梵城[②]的小莲花状居处中。通过总御它，获知心的意识。

---

① "想象力"的原词是 prātibha，词义为逼真的想象，敏锐的直觉或直观。

② "梵城"喻指心脏。

本性和原人永不混合,由于为他者性,产生对这两者不加区分的感受,通过总御为自己存在者,获知原人。(34)

本性[①]和原人永不混合,由于为他者性,产生对这两者不加区分的感受,通过总御为自己存在者,获知原人。知觉本性具有光明性[②]。它依靠这同一种善性,控制动性和惰性,通过认知本性和原人的不同而发生变化。原人与这种变化的本性不同,永远无性质,只是呈现为智能。这两者永不混合,只是由于对象的展现,原人的感受对这两者不加区分。这种对感受的认知由于本性的为他者性而展现。

而与本性不同,原人的认知只是呈现为智能。通过总御这种认知,以原人为对象的智慧产生。

以知觉本性为本质的对原人的认知并不看见原人。而原人始终看见依附自己的认知。确实,有这样的说法:"啊,依靠什么知道这位知道者?"[③]

由此,产生想象力、听觉、触觉、视觉、味觉和嗅觉。(35)

由此,产生想象力、听觉、触觉、视觉、味觉和嗅觉。通

① 此处"本性"即知觉本性。

② "光明性"指三性中的善性。

③ 这个说法见于《大森林奥义书》2.4.14。

过想象力，获知微妙的、受阻碍的、过去的、遥远的和未来的事物。通过听觉，听到天神的声音。通过触觉，感知天神的接触。通过视觉，感知天神的形态。通过味觉，感知天神的口味。通过嗅觉，感知天神的香气。所有这些始终会产生。

这些对于入定是障碍，而对于活动的心是成就。(36)

这些对于入定是障碍，而对于活动的心是成就。出现想象力等，对于入定的心是障碍，因为它们妨碍入定的观察，而对于活动的心是成就。[①]

通过削弱束缚的原因，通过心的感知活动，进入他人身体。(37)

通过削弱束缚的原因，通过心的感知活动，进入他人身体。心游荡不定，受身体中业的积聚控制，而构成束缚。通过入定的力量，削弱这种构成束缚的原因的业。而且，心的感知活动也产生于入定。通过消除业的束缚，瑜伽行者感知自己的心的活动，从自己的身体中取出心，置入他人的身体，那些感官也跟随其后。正如蜜蜂随同蜂王飞动

① 这里是说修禅中出现的这些神奇力量并非修禅的目的，如果看重这些，就会妨碍入定，偏离修禅的真正目标。

而飞动,随同蜂王停留而停留,同样,那些感官跟随心,进入他人身体。

通过控制上气,不接触水、泥土和荆棘等,获得上升。(38)

通过控制上气,不接触水、泥土和荆棘等,获得上升。整个感官活动构成生命,以元气等为标志。它们分成五种:元气的活动以口和鼻为通道,直至心脏。中气的活动均匀平正,直至肚脐。下气的活动向下,直至脚底。上气的活动向上,直至头顶。行气遍布各处。其中,元气为主。通过控制上气,不接触水、泥土和荆棘等,在死亡时,获得上升[①]。它依靠这种控制而获得。

通过控制中气,获得光辉。(39)

通过控制中气,获得光辉。通过控制中气,激发光辉,闪耀光芒。

通过总御耳和空的联系,获得天耳通。(40)

通过总御耳和空的联系,获得天耳通。所有的听觉和所有的声音以空为基础。正如这种说法:"所有的人,在相

① "获得上升"指通过光焰、月亮和太阳等天神之路升天。

同的地点，有同一种听力。”这正是空的特征，因此说它无障碍。同样，它无形，在别处也能看到它无阻碍，这说明空遍布一切。听觉是接受声音的原因。聋子听不到声音，非聋子听到声音。因此，听觉的领域是声音。瑜伽行者总御耳和空的联系，产生天耳通。

通过总御身体和空的联系，变得轻如棉絮，能行走空中。(41)

通过总御身体和空的联系，变得轻如棉絮，能行走空中。凡有身体，便有空。由于空向身体提供空间，由此产生联系。通过总御，控制这种联系，变得轻如棉絮等，直至极微。通过控制这种联系，变得轻，而通过轻，双脚行走水中，行走蜘蛛网上，行走光线上，以及随意行走空中。

在身外的非人为活动是大无身，由此消除对光明的阻碍。(42)

在身外的非人为[①]活动是大无身，由此消除对光明的阻碍。思想在身外活动，这种专注称为“无身”。如果思想停留身内，只是活动在外，称为“人为”。而思想在身外活动，这种活动不依靠身体，则是“非人为”。

① “人为”的原词是 kalpita，词义为安排、设想或想象。

这里，依靠“人为”，达到“非人为”的大无身。由此，瑜伽行者进入他人身体。

进而，通过专注，消除对以光明为本质的知觉本性的障碍。这种障碍以动性和惰性为根基，表现为由烦恼和业产生的三种果报[1]。

通过总御粗大、形态、精微、关联和目的，控制元素。(43)

通过总御粗大、形态、精微、关联和目的，控制元素。其中，地等以声等为特征，具有互助等性质，称为粗大。这是元素的第一种形式。

普遍性是元素的第二种形式。地有形体，水有湿润，火有热性，风有变化，空遍及一切。这称为形态。声等是这种普遍性的特殊性[2]。同样有这种说法：“同为一类者，仅仅以形态区别。”

这里，普遍和特殊的结合被视为物质。这种结合有两类：一类是其中不同的组成部分已经消失，如身体、树、牧群和森林。另一类是其中保持不同的组成部分，如神和人两者。在这种结合中，一部分是神，另一部分是人。这种

---

① 参阅2.13。

② 这里是说地元素有色、声、香、味和触，水元素有色、声、味和触，火元素有色、声和触，风元素有声和触，空元素有声。

结合指称这两者。

结合中的区分和不区分可以得到表达。可以说芒果树的树林，婆罗门的团体，也可以说芒果林和婆罗门团体。还有，在这两类结合中，其中的组成部分或分离，或不分离。组成部分分离的结合如树林和团体；组成部分不分离的结合如身体、树和极微（“原子”）。波颠阇利将组成部分不分离的结合称为物质。这是元素的形态。

什么是精微的形式？那是唯[1]，元素的原因。它的单一的组成部分是极微，具有普遍性和特殊性，属于组成部分不分离的结合。这样，所有的“唯”是元素的第三种形式。

元素的第四种形式称为关联。那是三性，依据效果的性质具有光明性、活动性和停滞性。这些称为关联[2]。

元素的第五种形式是目的性。这与三性有关，具有感受和解脱[3]的目的。三性保持在唯、元素和元素造物中。这一切具有目的。

现在，总御五大元素中的五种形式，看到每种形式的形态，对它们的控制就会出现。控制了这五大元素的形式，也就控制元素。通过这种控制，元素的性能就会依随

① “唯”（tanmātra）指物质的微小形式，由极微（即原子）组成。

② “关联”指与三性关联。

③ “感受和解脱”指原人的感受和解脱。

他的意愿，犹如母牛依随自己的牛犊。

由此，出现变小等，身体完美，不受它们的性质阻碍。(44)

由此，出现变小等，身体完美，不受它们的性质阻碍。其中，变小是变成极微。变轻是变得轻飘。变大是变得广大。接近是能用指尖接触月亮。如愿是意愿不受阻碍，进入地下如同进入水中。控制是控制元素和元素造物，而不受他者控制。自在是统辖它们的产生、消失和聚合。如意是愿望成为现实，元素的性能符合他的愿望。而即使他有能力，他也不颠覆事物[①]。为什么？以前的其他悉陀同样具有这种如意能力[②]。

这些是八种自在力。身体完美将在下面讲述。

不受它们的阻碍是地[③]不能依靠它的形体阻碍瑜伽行者的身体等的行动，他甚至能进入石头。湿润的水不能浸湿他。灼热的火不能烧灼他。变化的风不能移动他。甚至在无所覆盖的空中，他的身体也能被覆盖，连悉陀们也不能看见他。

① “颠覆事物”指颠覆自在天创造的世界次序，如将月亮变成太阳之类。

② 这里是说他要与以前的悉陀保持一致。

③ “地”指地元素及其造物。

身体完美是有美貌，有魅力，有力量，坚如金刚。（45）

身体完美是有美貌，有魅力，有力量，坚如金刚。美观，可爱，充满力量，坚如金刚。

通过总御执取、形态、自我性、关联和目的，控制感官。（46）

通过总御执取、性质、自我性、关联和目的，控制感官。声等感官对象具有普遍性和特殊性。执取是感官在它们之中活动。执取并不仅仅局限于感官对象的普遍性，如果不考虑感官对象的特殊性，心怎么可能通过感官加以确认。

还有，形态是以光明为本质的知觉本性的普遍性和特殊性的结合，是组成部分不分离的结合。感官是这种实体。[①]

它们的第三种形式是自我性。特征是自我意识。这是这种形式的普遍性，感官是特殊性。[②]

第四种形式是起决定作用的三性具有光明性、活动性和停滞性，感官和自我意识是它们的变化。

第五种形式是与三性相联系的原人的目的性。

---

① 这里是说感官这种实体的形态是知觉的普遍性和特殊性的结合。

② 这里是说以自我意识为特征的自我性是感官的普遍性，感官是自我性的特殊性。

依次总御这五种感官形式，逐一控制。通过控制这五种形式，瑜伽行者也就控制感官。

由此，快速似思想，达到无需工具的状态，控制原初物质。(47)

由此，快速似思想，达到无需工具的状态，控制原初物质。快速似思想是身体获得最高速度。无需工具的状态是感官无需身体，就能在愿望的时间、地点和对象中活动。控制原初物质是控制原初物质的一切变化。

这些是三种称作"蜜嘴"的成就。通过控制感官的五种形式获得这些。

唯有明辨本性和原人的差别，才能成为统辖一切者和通晓一切者。(48)

唯有明辨本性和原人的差别，才能成为统辖一切者和通晓一切者。知觉本性消除动性和惰性的污染，处在最高的清澈和最高的控制意识状态，处在完全明辨本性和原人的差别的状态，他成为统辖一切者。

这是说三性是一切事物的本质，具有决定和所决定的性质，完整地呈现在知领域者[①]这位主人面前。

① "知领域者"指原人。

通晓一切者是分辨智不依随次序[①]认知由平息、出现和不可名状的性质[②]确定的、作为一切事物本质的三性。这种成就名为“无忧愁”[③]。获得这种成就，瑜伽行者成为通晓一切者，消除烦恼的束缚，成为控制者。

甚至对此产生离欲，由此灭除罪恶种子，达到独存。(49)

甚至对此产生离欲，由此灭除罪恶种子，达到独存。一旦烦恼和业消除，这种本性的分辨认知的性质以及本性本身被归入应该排除的方面，并认为原人永不变化，纯洁，不同于本性。这样，他不受染著。于是，那些罪恶的种子如同烧焦的稻种，不能发芽，与心一起消亡。一旦它们消亡，原人不再感受这三种痛苦。

三性以业、烦恼和果报的形态展现在心中。一旦它们达到目的，也就不再产生。原人永远与三性分离，这便是独存。这时，原人保持自己的原本状态，正是智能。

受到主神们邀请时，不要接受或感到骄傲，因为会再度与罪恶发生联系。(50)

受到主神们邀请时，不要接受或感到骄傲，因为会再

① “不依随次序”指同时或刹那间。参阅3.53。

② 参阅3.14。

③ 参阅1.36。

度与罪恶发生联系。有这样四种瑜伽行者:初阶、蜜地、智光和超然。其中,第一种是反复修习,开始发光。第二种是智慧充满真理①。第三种是控制元素和感官,运用方法等,保护一切已产生者和将产生者,完成应完成者。而第四种是超然,他的唯一目标是心的解体。他的最终阶段的智慧有七重②。

其中,有的婆罗门亲证蜜地阶段,主神们看到他本性纯洁,从各处邀请他:"嗨!坐这里享受吧!这是可爱的享受,这是迷人的少女,这是抵御老死的甘露,这是空中飞车,这是如意树,这是圣洁的曼陀吉尼河。这些是悉陀,这些是大仙,这些是百般柔顺的天女。还有,天耳通,天眼通,身体坚如金刚。尊者你依靠自己的功德获得这一切。你就接受吧!这是不老、不死和不毁灭的境界,为天神们所喜爱。"

听到这样的邀请,他应该思考接受的弊端:"在恐怖的轮回炭火中受煎熬,流转在生死的黑暗中,我好不容易获得驱除烦恼和黑暗的瑜伽明灯,而这些源自贪欲的感官对象之风是这盏明灯的吹灭者。确实,我已获得光明,怎么

① 参阅1.48。

② 参阅2.27。

还会接受感官对象阳焰[①]的欺骗？怎么还会让自己成为这种燃烧的轮回之火的燃料？再见吧！你们这些如梦如幻的感官对象，只适合可怜的人们追求！”他的心中作出这样的决定后，就应该修习入定。

在不接受之后，也不应该产生骄傲的想法：“我甚至受到天神的邀请。”如果骄傲，自以为安全，就不会觉得自己仿佛被死神揪住头发。这样，不始终注意警惕缺点，保持努力，而出现漏洞，也就会增长烦恼，再度与罪恶发生联系。然而，不接受，不骄傲，已修行的目标就会牢固，有待修行的目标也会临近。

通过总御刹那及其次序，获得分辨智。(51)

通过总御刹那及其次序，获得分辨智。正如物质小到极限是极微，时间小到极限是刹那。刹那是极微从一处移到另一处使用的时间。而不间断的移动是次序。刹那及其次序并非是事物的聚合。一刻、一天和一夜等是知觉的聚合。确实，这种时间即使并非事物，仍然成为知觉依据语言知识的创造。对于展现知觉活动的世人，它仿佛是事物。

① “阳焰”(mṛgatṛṣṇā，或译“鹿渴”)指阳光造成的幻影，焦渴的鹿误以为是水，比喻虚妄的事物。

而刹那成为事物，便依随次序。次序具有刹那不间断的性质。瑜伽行者通晓时间，称之为时间。

两个刹那不会同时存在。没有两个同时共存的刹那次序，因为这不可能。后一刹那紧接前一刹那，这是次序。因此，现在的刹那只是这一刹那，前后的刹那都不存在。故而它们的聚合不存在。

然而，应该说明已存在和将存在的这些刹那伴随变化。整个世界随着每一刹那变化。所有的性质实际上形成于刹那之中。通过总御刹那及其次序，亲证这两者，分辨智就会出现。

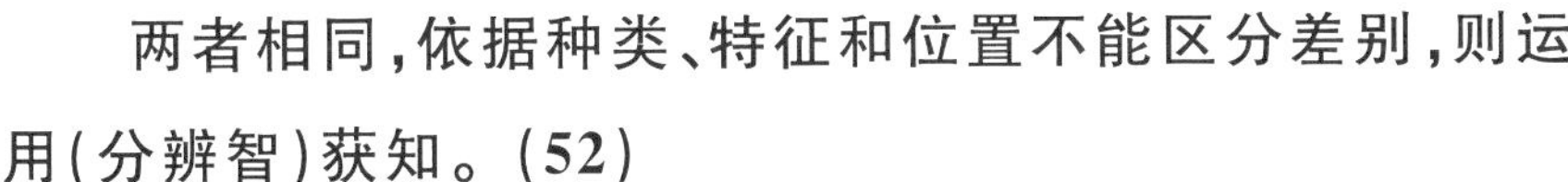

两者相同，依据种类、特征和位置不能区分差别，则运用（分辨智）获知。(52)

这里讲述它[①]的特殊领域：两者相同，依据种类、特征和位置不能区分差别，则运用（分辨智）获知。在两种相似物的位置和特征的相似性中，种类的不同成为分别的原因。例如，这是母牛，这是牝马。

在位置和种类的相似性中，特征不同成为分别的原因。例如，这是黑眼睛母牛，这是有卍字标志的母牛。

---

① “它”指分辨智。

两个蓭摩罗果种类和特征相似,位置不同成为分别的原因:这个在前,这个在后。

然而,在知者不注意时,前面的蓭摩罗果移到后面的位置。这时,位置相似,也就不能分别这是前者,这是后者。这就应该运用不容置疑的真知。因此,有这种说法:"于是,运用分辨智获知。"怎么样?前一个蓭摩罗果相关刹那的位置不同于后一个蓭摩罗果相关刹那的位置。这些蓭摩罗果通过感知它们的各自位置的刹那予以分别。感知位置的刹那不同成为两者分别的原因。

这个例举说明,极微存在种类、特征和位置的相似性。通过亲证前一个极微位置相关的刹那,感知它们的位置,与后一个极微作出分别。具有自在力的瑜伽行者正是依据相关的刹那的差别,认知两个极微的差别。

而另一些人描述道:"最终的特殊造成认知的差别。"[①]即使其中有位置和特征的不同,有形体、间距和种类的不同,这些是形成差别的原因,而唯有瑜伽行者的知觉把握刹那的差别。因此,伐尔舍伽尼耶说:"缺少形体、间距和种类的差别,也就没有根本的差别。"

① 这是印度古代胜论(vaiśeṣika)的观点。这里并不批评胜论的观点,而是强调瑜伽行者具有更高的分辨差别的能力。

分辨智是救主，囊括一切领域，囊括一切状况，而没有次序。(53)

分辨智是救主，囊括一切领域，囊括一切状况，而没有次序。救主意谓产生于自己的想象力，而非产生于教诲。囊括一切领域意谓没有什么不成为它的对象。囊括一切状况意谓知道过去、未来和现在的一切变化，一切状况。没有次序意谓在一刹那间把握一切事物，一切状况。

这是圆满的分辨智，瑜伽明灯只是它的一部分，从蜜地阶段直至它的圆满完成。

一旦本性和原人两者的纯洁一致，出现独存。(54)

无论获得分辨智或没有获得分辨智，一旦本性和原人两者的纯洁一致，出现独存。一旦知觉本性消除动性和惰性的污垢，以认知自己与原人的区别为唯一职责，烦恼的种子被烧焦，也就仿佛达到与原人的纯洁相同。这时，原人不再有呈现给他的感受而纯洁。正是在这种状态，出现独存。无论瑜伽行者有自在力或没有自在力，有分辨智或没有分辨智，因为烦恼的种子已被烧焦，他再也不必依赖知识。已经提及由入定产生的自在力和知识是作为达到本性纯洁的手段。实际上，通过知识，无知消失。

无知消失，不再有烦恼。没有烦恼，也就没有业报。在这种状态中，三性的职责完成，不再具有可见性而出现在原人前。这是原人的独存性。这时，原人唯独闪耀自己形态的光芒，纯洁无瑕，成为独存。

以上是钵颠阇利依据数论的《瑜伽论》中名为《成就》的第三章。

第 四 章

出生、药草、咒语、苦行和入定产生的成就。(1)

出生、药草、咒语、苦行和入定产生的成就。出生的成就是身体固有的[①]。药草的成就是阿修罗宫中的长生灵药等。咒语的成就是腾空而行,变小等。苦行的成就是称心如意,有什么愿望,就达到什么愿望,如此等等。入定的成就已经说明[②]。

由于原初物质流动,转变成另一种生命形态。(2)

由于原初物质流动,转变成另一种生命形态,也就是身体和感官转变成另一种生命形态。由于它们进入不同于以前的组成部分,前一种变化消失,后一种变化产生。身体和感官的原初物质凭借流动,依靠善等助因,赐予它们各自的变化。[③]

---

① 这里是说出生为神或人,是由前生的业决定的。

② 入定的成就已在第三章中说明。

③ 这里是说变成什么生命形态,善业或恶业是助因。

助因不是动因，但它破除原初物质的障碍，如同农夫。(3)

助因不是动因，但它破除原初物质的障碍，如同农夫。善等助因不是原初物质的动因。原因不由结果启动[①]。那怎么样？如同农夫破除障碍。如同农夫想要将一片灌满水的农田中的水引到另一片地势相同或较低乃至更低的农田中，他不必用手搬运水，而只要破除水的障碍。一旦障碍破除，水就会自动流到另一片农田中。同样，善破除原初物质的障碍恶。一旦这种障碍破除，原初物质就自动流向它们各自的变化。

又如，农夫在这片农田中不能将液汁或土质的养料输入谷物的根部。那怎么样？他除去豆类、草类和谷类等野生植物。一旦除去这些，那些养料就会自动输入谷物的根部。同样，善仅仅是消除恶的原因，因为善和恶两者根本对立。但是，善不是原初物质的动因。

这方面，喜主等是例证。也有相反的情况，恶抑止善。由此，出现恶的变化。这方面，友邻变成蛇等是例证。[②]

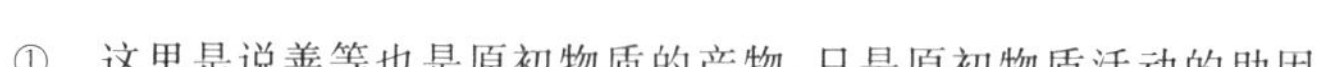

① 这里是说善等也是原初物质的产物，只是原初物质活动的助因。

② 喜主和友邻的具体情况，参阅 2.12 和 13 中相关的注。

种种创造的心产生于唯自我性。(4)

一旦瑜伽行者创造许多身体[1],那么,它们是有一种心,还是有许多种心?种种创造的心产生于唯自我性。以这个唯自我性的心为原因,瑜伽行者造出种种创造的心。因此,这些身体都具有心。

依据活动的差别,一个心成为许多心的驱动者。(5)

依据活动的差别,一个心成为许多心的驱动者。许多心怎样按照一个心的意图活动?他创造一个心,成为许多心的驱动者。因此,出现行动的差别。

其中,沉思产生的心没有积聚。(6)

其中,沉思产生的心没有积聚[2]。有五种创造的心。出生、药草、咒语、苦行和入定产生的成就[3]。其中,唯有沉思产生的心没有积聚。正是这种心没有引起贪爱等的积聚。由于灭尽烦恼,瑜伽行者不与善业和恶业发生联系。

瑜伽行者的业不白不黑,其他人的业有三种。(7)

而其他人有业的积聚。因此,瑜伽行者的业不白不

① “创造许多身体”指瑜伽行者运用超自然力量创造多个身体。

② “积聚”指善业和恶业的积聚。

③ 这里是说取得这五种成就,便有与这五种成就相应的心。

黑，其他人的业有三种。这种业有四种：黑的，又白又黑的，白的，不白不黑的。

其中，黑的是邪恶的。又白又黑的由外在的手段造成。通过给予他者伤害或恩惠，形成业的积聚。白的属于苦行者、诵习者和修禅者，因为这完全依靠心，而不依靠外在的手段，不伤害他者。

不白不黑的属于瑜伽行者。他们灭尽烦恼，只有最后的身体。其中，不白的是由于瑜伽行者舍弃成果，不黑的是由于他们不执取。而其他人则有上述三种业。

由此，展现唯独符合他们的果报的熏习。(8)

由此，展现唯独符合他们的果报的熏习。"由此"指由这三种业。"唯独符合他们的果报"指某种业有某种果报，熏习符合业的果报，依附业的果报。那些熏习也就这样展现。天神的业产生果报时，不会成为地狱、畜生和人的熏习展现的助因，而是唯独展现符合天神的熏习。也应该这样思考地狱、畜生和人的熏习。

由于记忆和潜印象两者形态一致，它们即使存在出生、地点和时间的区分，也不会中断。(9)

由于记忆和潜印象两者形态一致，它们[①]即使存在出

① "它们"指熏习。

生、地点和时间的区分，也不会中断。生而为猫的这种果报出现由自己的展现能力展现。如果有一百次出生、遥远的地点或一百劫的时间这样的区分，自己的展现能力依然会再次很快展现。正是这样依靠前生体验的生而为猫的这种果报形成的熏习，获得展现。为什么？因为即使它们有区分，它们有相同的业的展示者作为助因，也就不会中断。为什么？由于记忆和潜印象两者形态一致。

有什么样的体验，便有什么样的潜印象。它们表现为业的熏习。有什么样的熏习，便有什么样的记忆。记忆来自由出生、地点和时间区分的潜印象，而潜印象又来自记忆。这样，记忆和潜印象依靠获得业的积聚活动展现。因此，即使它们有区分，依据原因和结果的关系不断裂，也就不会中断。这意味熏习是潜印象，是业的积聚。

由于愿望永恒，它们无有起始。(10)

由于愿望永恒，它们无有起始。由于愿望永恒，那些熏习无有起始。这种自我愿望见于所有人："但愿我不停止生存，但愿我活着。"它并非天生的。为什么？对于唯有出生而没有体验过死亡的人，怎么会产生对死亡的惧怕或憎恨？这种惧怕或憎恨以回忆起痛苦为助因。

还有，天生的事物不需要助因。因此，心充满无有起始的熏习。它只是依靠助因，获得某些熏习，转变为原人的体验。

另一些人认为心能缩能伸，仅仅具有与身体相当的形态，如同灯光在罐中或在宫殿中。同样，它不间断，适合生死轮回。

导师认为唯独自在的心的活动能缩能伸。它依靠善等助因。助因有两类：外在的和内在的。依靠身体等手段是外在的，如赞颂、布施和敬礼等；完全依靠心是内在的，如信仰等。这方面有这样的说法："友善等是修禅者的娱乐。它们本质上不依靠外在的手段，而促进至高的善。在这两者中，内在的心更有力。怎么样？有什么能比知识和离欲更优秀？有谁能排除心的力量，而单靠身体的行动使弹宅林变得空虚，或者像投山仙人那样喝下大海？"①

依靠原因、目的、基础和所缘的结合，缺少这些，它们不存在。(11)

依靠原因、目的、基础和所缘的结合，缺少这些，它们②不存在。原因是行善而快乐，作恶而痛苦。快乐而贪著，痛苦而憎恨。由此而努力，依靠意、口和身的行动，施

① 传说弹宅国王曾在林中狩猎时，奸污了苏揭罗（śukra）仙人的女儿。这位仙人发出咒语，用火焚毁弹宅国。从此，弹宅国变成荒芜的弹宅林。投山（agastya）仙人曾应众天神的请求，喝干大海的水，让众天神歼灭躲藏在大海中的恶魔。

② "它们"指熏习。

恩或伤害他人。由此,又出现行善和作恶,快乐和痛苦,贪著和憎恨。这样的六辐生死之轮转动,而无知是这种时刻转动的生死之轮的驱动者,是一切烦恼的根源。这是原因。

目的[①]是依靠它,他的善等产生,因为前所未有的东西不会产生[②]。

而具有职责的心是熏习的基础。因为一旦心完成职责,熏习失去基础,也就不再停留。

事物是熏习的所缘。一旦事物出现,便会展示熏习。

这样,一切熏习依靠原因、目的、基础和所缘的结合。缺少这些,那么,依靠这些的熏习不存在。

由于性质的不同时态,过去和未来是实际存在的。(12)

不存在者不会产生。存在者不会毁灭。那么,作为物质存在的那些熏习怎么会停止存在?因此,由于性质的不同时态,过去和未来是实际存在的。未来者在未来显示。过去者显示过去的体验。现在者发挥自己的作用。这三者是能知者所知的事物。

---

① “目的”的原词是 phala,词义为结果、目的或动机。

② 这里是说如果没有目的或动机,他的善等就不会产生。

如果这三者实际不存在,能知者失去对象,也就不会出现。因此,过去和未来是实际存在的。还有,想要获得属于感受或属于解脱的业的成果,如果不能得到说明,那么,以它为目标的助因也就不能发挥作用。助因能造成存在的成果出现,但不可能造成前所未有的东西出现。助因有助于形成成果的特殊形态,但不可能产生前所未有的东西。

有性质者具有多种性质形态。这些性质由于时态不同,而所处位置不同。过去者和未来者不像现在者那样作为物质展示特殊的形态。那怎么样?未来者具有自己暗示的形态[①],过去者具有自己体验过的形态。唯独现在时态者展示自己的形态,过去时态者和未来时态者则不展示。在一种时态者展示时,其他两种时态者依然与有性质者保持联系。因此,这三种时态者并非原本不存在,而后才存在。

它们是展示的,微妙的,本质是三性。(13)

它们是展示的,微妙的,本质是三性。它们是这些具有三种时态的性质。现在者具有展示性。过去者和未来

① “暗示的形态”即有待展示的形态。

者具有微妙性，即六种非特殊形态[①]。这一切仅仅是三性的特殊聚合。实际上，它们的本质是三性。经典中这样教导：

> 三性的终极形态不进入视域，
> 进入视域的只是琐屑的幻影。

事物的真实性在于变化的一致性。(14)

然而，所有这些是三性，怎么会一种是声，一种是感官？事物的真实性在于变化的一致性。三性具有光明、活动和停滞的性质。它们以接受为本质的、具有工具形态的一种变化是听觉感官。它们以被接受为本质的、具有声唯形态的一种变化是对象声。地极微（“地原子”）是声等的一种变化[②]，具有同类的形体，是唯的一部分。它们[③]的一种变化是地、牛、树和山等。同样也应该理解在其他元素中，利用湿润、热性、变化和空间[④]，出现一种变化。

没有对象不与观念共存，但有观念不与对象共存，如梦中的幻想。一些人据此否定事物的真实性，说：“事物只

① 参阅2.19。

② 这里是说地原子是声等五种感官对象（“五唯”）共有的一种变化，因为地元素是它们共同具有的。参阅2.19。

③ “它们”指地原子。

④ 这里分别指水、火、风和空四种元素的形态。而地元素的形态是形体。

是妄想的观念，如同梦中的对象，实际上并不存在。”[①]事物依靠自己的力量出现。怎么能不依靠认知手段，而依靠妄想的力量，否认事物的真实性？这样胡说，他们的话怎么可信？

对同样的事物，有不同的心，因此，两者的方式不同。(15)

为何这不正确？对同样的事物，有不同的心，因此，两者[②]的方式不同。同一种事物成为多种心的所缘，这是共同的。实际上，它不是多种心的设想，也不是一种心的设想，而是由自身确立。怎么样？对同样的事物，有不同的心。即使对同样的事物，依靠善，心产生快乐的认知，而依靠恶，心产生痛苦的认知。依靠无知，产生愚痴的认知，而依靠正见，产生中立的认知。怎么会是谁的心的设想？

而且，一种心设想的对象并不感染另一种心。因此，事物和认知两者存在接受和被接受的区别，方式不同。甚至两者不存在任何混合的气息。

然而，按照数论，事物具有三性，而三性的活动变化不定。依靠善等助因，事物与种种心发生联系，成为认知的

① 这是佛教的观点。

② “两者”指事物和认知。

原因。这种认知符合助因，各自产生。

一些人说对象与认知共存，因为可以感受，如快乐等。由此，他们排斥普遍性，否定事物在前后刹那中的真实性[①]。

如果事物不依靠一种心，那么，对它的认知还能存在吗？(16)

如果事物不依靠一种心，那么，对它的认知还能存在吗？如果事物依靠一种心，而这时心的注意力分散，或受阻碍，事物的形态没有与它接触，也没有进入其他心的领域，那么，不被认知，不成为任何心的接受对象，这种事物这时不存在吗？或者，它再次与心发生联系，怎么会产生？还有，如果事物的一些部分不显现[②]，它们也就不存在，那么，没有看见后面的背，也应该没有前面的腹。因此，对象是自身独立的，对一切原人是共同的，而心也是自身独立的，对原人发生作用。由于这两者产生联系，出现认知，即原人的感受。

① 这里是说有些人认为对象与认知共存，认知时有对象，不认知时便没有对象，故而对象没有普遍性。同时，认知的对象处在前后刹那的生灭变化中，不存在恒定的真实性。这是指佛教的观点。

② “不显现”指没有与心发生联系。

因此，事物被认知或不被认知依靠心受感染。(17)

因此，事物被认知或不被认知依靠心受感染。对象如同吸铁石，心如同具有铁的性质。这样，对象与心发生联系，感染心。心受某种对象感染，某种对象便被认知。而原人与此不同，不被认知。由于事物的性质被认知或不被认知，心处在变化中。

原人是心的主人，由于不变化，始终知道心的活动。(18)

原人的领域是心。原人是心的主人，由于不变化，始终知道心的活动。如果作为主人的原人也像心那样变化，那么，他的领域即心的活动也会像声等对象那样变成被认知或不被认知。然而，他始终是心的认知者，由此可以推断作为主人的原人的不变性。

由于可感知性，它不是自我照明者。(19)

有这种疑惑：毁灭论者和心即自我论者[①]认为心是自我照明者和照亮对象者，如同火。然而，由于可感知性，它不是自我照明者。正如其他感官和声等由于可感知性，不

---

① “毁灭论者”(vaināśika)和“心即自我论者”(cittātmavādin)均指佛教徒。“毁灭论”以刹那生灭否定事物的真实性。“心即自我论”认为除了心之外，没有另外的自我或原人。

是自我照明者，也应该这样理解心。

火的例举在这里不合适。因为火并不照亮自己此前不明亮的形态。依据所照明者和能照明者的结合，才能看到照明。这种结合不可能唯独依靠自己的形态。还有，说心自我照明，意味不被任何他者感知。这正如说空自我确立，意味没有支持者。

可以看到众生感知自己的知觉活动的情况："我愤怒，我害怕，我喜爱这个，我痛恨这个。"因此，不将自己的知觉视为自我照明者是正确的。

不能同时确定两者。(20)

不能同时确定两者。不可能在同一刹那确定自己和他者的形态[①]。而刹那论者认为存在既是行动，也是行动者[②]。

如果被其他的心感知，那么会陷入无穷的知觉感知知觉中，记忆也会混乱。(21)

有一种观点认为受自身局限的心能被紧随的另一种心感知。如果被其他的心感知，那么会陷入无穷的知觉感

① 这里相当于上述心不能既是自我照明者，又是照亮对象者。

② 这里是说刹那论者不区分主体和客体。

知知觉中，记忆也会混乱。如果心被其他的心感知，那么，感知知觉的知觉被谁感知？这个被那个感知，那个又被另一个感知，就会陷入无穷之中，记忆也会混乱。有那样多的知觉的知觉感知，便会有同样多的记忆。由于记忆的混乱，也就不能确定一种记忆。毁灭论者否定感知知觉的原人，造成这种混乱[①]。

然而，一些人不合理地想象在某处存在享受者的形态。也有一些人设想有一种唯存在。这种存在排除五蕴[②]，而采取其他。然而，说罢，他们依然烦恼。同样，他们说："我要在老师身边修习梵行，以求完全摒弃五蕴，达到离欲、无生和平静。"[③]说罢，他们又否定这种存在的存在。而数论瑜伽行者和其他论者使用"自己"(sva)一词表示心的主人原人这位感受者。

智能不移动，通过变成知觉的形态感知自己的知觉。(22)

怎么样？智能[④]不移动，通过变成知觉的形态感知自

① 这里是说刹那论者认为心是一刹那一刹那感知事物，因而一种心紧随另一种心，以至无穷，这样就会造成记忆混乱。

② "五蕴"(pañcaskandha)指色、受、想、行和识，即构成身体的物质和精神要素。佛教认为五蕴皆空。身体由五蕴因缘和合而成，实质也是空。

③ "达到离欲、无生和平静"指达到涅槃。

④ 此处"智能"(citi)指原人。

己的知觉。感受者的能力不变化,不移动,但他仿佛在变化的对象中移动,跟随对象的活动方式。这种知觉活动已经获得意识[①]的形态,智能仅仅模仿知觉活动,而与知觉活动无差别。这被称为认知活动。同样,有这种说法:“智者们指出永恒的梵[②]并不藏在地下世界、山洞、黑暗或大海深处,而是与知觉活动无差别。”

心受能见和所见两者感染,成为全对象。(23)

因此,应该理解心受能见和所见两者感染,成为全对象。因为心受所感知的对象感染。由于它自身具有对象性,自身的活动又与有对象者原人发生联系。因此,心受能见和所见[③]两者感染,表现为对象和有对象者,具有意识和无意识两种形态,既有对象的性质,又有非对象的性质,既像无意识,又像意识,如同水晶珠,称为“全对象”。

一些人被这种心的相似性搅乱,说:“它就是意识。”另一些人说:“所有一切唯独是心。确实,牛等,罐等,这个世界及其原因都不存在。”[④]这些人值得怜悯。为什么?因

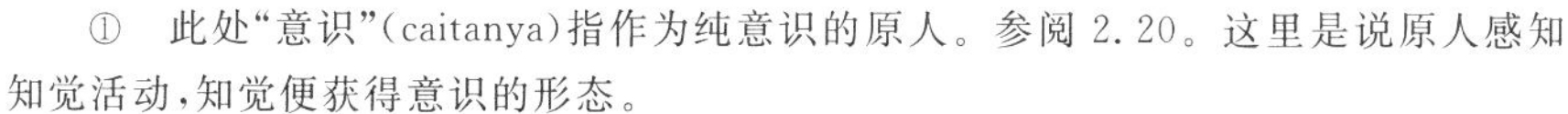

① 此处“意识”(caitanya)指作为纯意识的原人。参阅2.20。这里是说原人感知知觉活动,知觉便获得意识的形态。

② “梵”(brahman)在印度哲学中指称世界的本体或本原,即至高自我。这里用于说明原人的形态。

③ “能见”指原人,“所见”指外界对象。

④ 这是佛教的观点。

为他们的心呈现一切形态，成为混乱的种子。

在入定的认知中，所知的对象成为映像。对象成为心的所缘，因而是他者。如果对象唯独是心[①]，认知怎么能确定自己的认知形态。因此，对象成为映像，在入定的认知中被原人确定。这样，那些具有正见者按照类别，将心的形态分成认知者、认知手段和所认知者三类[②]。他们证得原人。

心即使具有无数的熏习，也是为他者，因为具有聚合作用。（24）

为什么这样？心即使具有无数的熏习，也是为他者，因为具有聚合作用。心即使具有无数的熏习，而多姿多彩，也是为了他者，为了他者的感受和解脱，而不是为了自己，因为它具有聚合作用。如同房屋，心具有聚合作用，不是为了自己。快乐的心不是为了快乐，认知不是为了认知，这两者都是为了他者。

原人具有目的，具有感受和解脱的目的。就是这个他者，而不是一般的他者。毁灭论者所说的任何具有自己形态的一般的他者，也都会为了他者，因为具有聚合

① 此处"唯独是心"的原词是 cittamātra，即"唯心"。佛教认为"三界唯识"，即"三界唯心"。

② 参阅 1.41。

作用。但是,这位他者是特殊的。他是原人,没有聚合作用。

见到差别者停止对自我存在性的思考。(25)

见到差别者停止对自我存在性的思考。正如在雨季,由草芽萌发可以推断它的种子存在,同样,看到有人闻听解脱之道便汗毛竖起,泪流满面,可以推断有这种见到差别的种子,即他积累的业已经成熟而走向解脱。对自我存在性的思考就会自然的出现。而缺少这种种子的人,抛弃所说的这种对自我存在性的思考。由于这种缺陷,他们喜爱对立的论点,而不喜爱已经确立的论点。

这些是对自我存在性的思考:"我曾经是谁?我曾经怎样?这是什么?这怎样?我们将成为什么?我们将会怎样?"然而,见到差别者停止这种思考。为什么?这只是心的多姿多彩的变化。而在不存在无知的情况下,原人是纯洁的,不与心的性质接触。因此,智者停止对自我性的思考[①]。

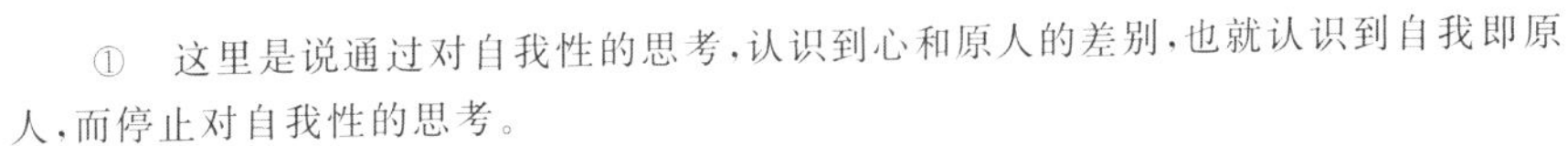

① 这里是说通过对自我性的思考,认识到心和原人的差别,也就认识到自我即原人,而停止对自我性的思考。

这时，心倾向分辨，倾向独存。（26）

这时，心倾向分辨，倾向独存。他的心原先倾向感官对象，倾向无知，现在转而倾向独存，倾向分辨智。

在心的那些间隙中，出现来自潜印象的其他认知。（27）

在心的那些间隙中，出现来自潜印象的其他认知。心倾向于认知的分辨，唯独增长辨明本性和原人差别的水流。而在这样的心的间隙中，出现其他的认知："我是"、"我的"或"我知道"。从何而来？来自以前的潜印象。它们的种子正在毁灭中。

消除它们，如同前面所说的烦恼。（28）

消除它们，如同前面所说的烦恼[①]。正如烦恼成为烧焦的种子后，不会再生长。同样，先前的潜印象成为被知识之火烧焦的种子，不会再产生认知。但知识的潜印象继续留存，直到心完成职责。因此，不用考虑。

甚至对沉思也不再计著，彻底明了分辨，达到法云入定。（29）

甚至对沉思也不再计著，彻底明了分辨，达到法云入

① 参阅 2.10—13。

定。一旦这个婆罗门甚至对沉思也不再计著，无所企求，无所染著，彻底明了分辨，潜印象的种子已经毁灭，而不产生其他的认知，这时，他达到名为法云的入定。

于是，烦恼和业消除。（30）

于是，烦恼和业消除。达到这样，无知等烦恼连根铲除，善业和恶业的积聚连根摧毁。烦恼和业消除，智者即使活着，也获得解脱。为什么？因为颠倒妄想是生的原因。一旦烦恼和颠倒妄想毁灭，任何人都不会看到他在某处再生。

这时，消除了一切障碍污垢，知识变得无限，所知就变得微小。（31）

这时，消除了一切障碍污垢，知识变得无限，所知就变得微小①。摆脱了一切烦恼和业，他的知识变得无限。无限的知识善性受到惰性压抑，遭遇障碍。只是有时由动性启动而展开，能够认知。一旦消除了一切障碍污垢，它才变得无限。

知识变得无限，所知也就变得微小，如同空中的萤火虫。这方面有这种说法："盲人为珍珠打洞，无手指的人为

① 这里是说知识变得无限，未知而应知的对象就变得微乎其微。

它穿线，无脖子的人戴上它，哑巴称赞它。”[①]

于是，三性实现目的，它们的变化次序结束。(32)

于是，三性实现目的，它们的变化次序结束。由于法云升起，三性实现目的，它们的变化次序结束。它们已经完成感受和解脱，次序结束，甚至不能再停留一刹那。

次序与刹那相关，在变化停止时确定。(33)

所谓次序是什么？次序与刹那相关，在变化停止时确定。次序具有刹那连续不断的性质，在变化停止或结束时得以确定。一块新布不经历次序的刹那，不会最后变成旧布。

次序也见于永恒中。有两种永恒性：常住的永恒性和变化的永恒性。其中，常住的永恒性属于原人，变化的永恒性属于三性。即使出现变化，其实质不毁坏[②]，这是永恒。由于实质不毁坏，这两者具有永恒性。

其中，在三性的性质即知觉等中，次序在变化停止时确定，获得结束。而在永恒的、有性质的三性中，不获得结

① 这里意谓如果原因已经不存在，结果还会出现，那就像这谚语所说的那样。

② 这里是说原初物质及其三性是永恒的，即使三性出现变化，原初物质本身并不毁坏。

束。在常住的永恒即解脱的原人中，完全凭借自身状态确立。这种自身状态依靠次序感知。在这里，也不获得结束。这也依据“存在”(asti)这个动词含义推想而知。

生死轮回表现为或静止或运动，出现在三性中，有没有次序的结束？这不好直接回答。怎么样？对这个问题可以从单方面回答：“所有的生者会死去，死后又会再生。”“唵，是这样。”然而，“所有的生者会死去，死后又会再生吗？”对这个问题也可以分开回答：“明辨产生，贪欲灭尽，这样的善人不会再生，而其他人会再生。”同样，“人类优秀不优秀？”对这样提出的问题也应该分开回答：“与畜生相比优秀，与天神和仙人相比不优秀。”“生死轮回有尽头，还是无尽头？”对这个问题不能直接回答，因为善人有生死轮回次序的尽头，而其他人没有。其他确定的回答有缺陷，因此对这个问题应该分开说明。

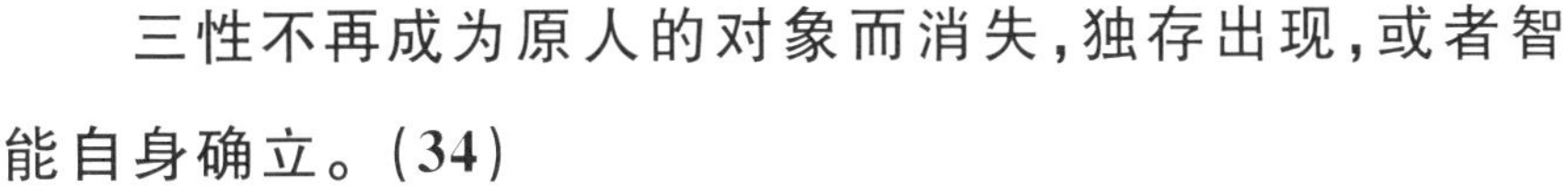

三性不再成为原人的对象而消失，独存出现，或者智能自身确立。(34)

三性的职责次序结束，独存出现。这里确定它的性质：三性不再成为原人的对象而消失，独存出现，或者智能自身确立。三性具有结果和原因的性质，已经完成感受和解脱，不再成为原人的对象而消失，独存出现。原人的智能不再与知觉本性发生联系，自身确立，独立存在。他的这种永远同样的存在状态是独存。

以上是钵颠阇利依据数论的《瑜伽论》中名为《独存》的第四章。

图书在版编目(CIP)数据

瑜伽经/(古印度)钵颠阇利著;黄宝生译. —北京:商务印书馆,2024
(汉译世界学术名著丛书:120年纪念版:珍藏本:增订本)
ISBN 978-7-100-23740-6

Ⅰ.①瑜… Ⅱ.①钵…②黄… Ⅲ.①瑜伽派—研究 Ⅳ.①B351

中国国家版本馆CIP数据核字(2024)第077603号

汉译世界学术名著丛书
(120年纪念版·珍藏本·增订本)
瑜伽经
〔古印度〕钵颠阇利 著
黄宝生 译

商 务 印 书 馆 出 版
(北京王府井大街36号 邮政编码100710)
商 务 印 书 馆 发 行
北京通州皇家印刷厂印刷
ISBN 978-7-100-23740-6

2024年5月第1版　　开本710×1000 1/16
2024年5月北京第1次印刷　　印张10¼
定价:56.00元